PALOMA GÓMEZ BORRERO

Juan Pablo II

Paloma Gómez Borrero fue la primera mujer corresponsal de Televisión Española. Cuenta con una larga carrera como corresponsal del Vaticano y ha colaborado con Venevisión, de Venezuela; TV Hoy, de Colombia; TV Azteca, de México; y con la COPE, de la que ha sido corresponsal durante veinticinco años.

Acompañó a Juan Pablo II en los 104 viajes que realizó por el mundo, a Benedicto XVI en 23 de los 24 que realizó e informó en televisión de su renuncia y de la elección del Papa Francisco I.

Con un gran número de premios y medallas por sus méritos personales y profesionales, Paloma Gómez Borrero ha recibido, entre otros galardones, la Dama de la Orden San Gregorio Magno, concedido por Juan Pablo II; el premio ¡Bravo! de Radio, otorgado por la Comisión Episcopal de Medios de Comunicación Social, por su labor de radio; y el premio ¡Bravo! Especial por toda su trayectoria, que también le ha valido el Rodríguez Santamaría, de la Asociación de la Prensa de Madrid. Paloma Gómez Borrero vive con su marido en Roma.

Juan Pablo II

Juan Pablo II

Recuerdos de la vida de un santo

PALOMA GÓMEZ BORRERO

VINTAGE ESPAÑOL
Una división de Random House LLC
Nueva York

PRIMERA EDICIÓN VINTAGE ESPAÑOL, OCTUBRE 2014

Copyright © 2014 por Paloma Gómez Borrero

Todos los derechos reservados. Publicado en coedición con
Penguin Random House Grupo Editorial, Barcelona, en los Estados
Unidos de América por Vintage Español, una división de Random House
LLC, Nueva York, y en Canadá por Random House of Canada Limited,
Toronto, compañías Penguin Random House. Copyright © 2014 por
Paloma Gómez Borrero. Copyright de esta edición en castellano para todo
el mundo © 2014 por Penguin Random House Grupo Editorial, S. A.

Vintage es una marca registrada y Vintage Español y su colofón
son marcas de Random House LLC.

Información de catalogación de publicaciones disponible en la
Biblioteca del Congreso de los Estados Unidos.

Vintage Español ISBN en tapa blanda: 978-0-8041-7186-1
Vintage Español eBook ISBN: 978-0-8041-7187-8

Para venta exclusiva en EE.UU., Canadá, Puerto Rico y Filipinas.

www.vintageespanol.com

Impreso en los Estados Unidos de América
10 9 8 7 6 5 4 3 2 1

A mi colega Teresa Morales
y a mi sobrina Pilar Gómez Borrero
por su impagable ayuda

Índice

Juan Pablo II

Prólogo

Querido e inolvidable papa Juan Pablo II:

Desde aquel 2 de mayo en que te fuiste «a la Casa del Padre», te debía este libro, que recoge recuerdos y momentos vividos en los veintisiete años que tuve el privilegio de seguir, paso a paso, tu extraordinario pontificado. Desde el primer momento, en aquella tarde del 16 de octubre de 1978, cuando en el atardecer romano se iluminó la cúpula de la basílica, se abrió el balcón de la logia central y oímos un nombre difícil de pronunciar, ¡Karol Wojtyla! Un cardenal de la Europa del Este, de la Iglesia del silencio, a la que el nuevo Papa iba a dar voz. Y se la diste no sólo a los pueblos de detrás del muro de Berlín, sino también a aquellos que la habían perdido o nunca la tuvieron. Un Papa que, desde el primer momento, advertirá a un mundo inquieto y lleno de miedos, que deberá «abrir de par en par las puertas a Cristo» para desechar esos temores.

En estas páginas he volcado, a la par que recuerdos, mi agradecimiento y admiración. Muchos me han preguntado el porqué de este libro. Son muchas las razones, pero ninguna podría calificarse de oportunismo por escribirlo en el momento en que el papa Francisco proclama oficialmente tu santidad, ya que teníamos la convicción de que lo eras, y millones de personas gritamos «¡santo!», mientras depositaban tu cuerpo sin vida en la cripta de la basílica vaticana. Escribir este libro va mucho más allá de la mera relación profesional que viví en aras de una responsabilidad y compromiso con los medios de comunicación para los que trabajaba. Siempre reconocí, y reconozco, que Juan Pablo II ha supuesto para mí la figura de un papa magno. Cercano. Carismático y familiar. Un ejemplo de hombre de oración. De amor mariano...

A lo largo de más de un cuarto de siglo, mientras seguía tus pasos, disfrutando del privilegio de acompañarte en los ciento cuatro viajes internacionales y en tantos otros en Italia, descubrí cómo abrazaste a la humanidad, sin temor a fatigas físicas, a las críticas, amenazas, a represalias, a cualquier situación que conllevara un riesgo.

Te debía este libro porque, en él, a través de pequeñas pinceladas, deseo expresar el afecto y la admiración por un gigante de la Historia. Relato mis recuerdos junto al papa Juan Pablo II. Muchas son anécdotas que evoco aquí con vívido cariño. Situaciones que muestran tu valor, tu empeño en la defensa de la justicia, de los derechos del hombre. Tu ternura para consolar a los débiles. Tu infinito sentido del perdón. Tus enseñanzas de paz y tu inquebrantable fe a la hora de transmitir el mensaje de Cristo. Tu fortaleza en tu extrema debilidad física. Tu ejemplo.

En algunas de estas «píldoras de una vida», como las definiría, he tratado de reflejar tu afabilidad, incluso tu sentido del humor, a pesar de haber tenido una vida personal marcada por el sufrimiento, la soledad y el dolor. En definitiva, eras un hombre de Dios.

Te debía, querido Papa, este libro que desearía transmitiera y contagiara mi más profundo «Gracias» por las palabras, los momentos y las experiencias que nos regalaste, a mí, a mi familia, a mis compañeros de profesión y al mundo entero.

Hay muchas razones de actualidad para que una periodista especializada en información vaticana quiera escribir un libro sobre la figura de un Papa elevado al honor de los altares, pero, en este caso, basta el respeto y el cariño que siento hacia un sucesor del apóstol Pedro, del que aprendí grandes valores y sin el que mi trayectoria profesional y personal nunca habría sido la misma.

Junto a la letra escrita, he añadido imágenes, pues creo que dan más fuerza a las palabras. Muchas de las fotos son inéditas, todas ellas, preciosas e ilustran los episodios que narro.

Permitidme que os dé las gracias por leer este libro, y sobre todo agradecer a Deborah Blackman y a Penguin Random House por haber hecho realidad mi deseo y «honrar» mi deuda con san Juan Pablo.

1

Anécdotas con el español

Como buen eslavo, Juan Pablo II era un gran políglota. La facilidad que tienen los pueblos del este de Europa para los idiomas es realmente sorprendente. Quizá porque la lengua polaca ya resulta enrevesada, consonantes una junto a otra sin apenas vocales entre medio (¡y no digamos hablarlo!; es un idioma comparable en dificultad al finlandés y al húngaro), hace que cualquier otro idioma algo menos complejo acabe siendo de una facilidad pasmosa para los nativos de Polonia. Juan Pablo II poseía, además, un buen oído, una rapidez innata para el aprendizaje y una excelente pronunciación. Estas facultades le permitían, allí donde fuera, ofrecer sus discursos en el idioma del país, incluso en Japón, donde, sin ni siquiera conocer esa lengua, sorprendió a los nipones dirigiéndose a ellos en su idioma.

Es verdad que en cuanto se anunciaba la visita del Sumo Pontífice a tal o cual nación, Juan Pablo II se preparaba concienzudamente con ayuda de un monseñor de la Secretaría de Estado, nativo del lugar que iba a acogerle. Y cuando digo a conciencia, me refiero a verdadera conciencia. Todos los días, empezaba celebrando la misa en su capilla privada en esa nueva lengua, y durante la jornada, aprovechaba los ratitos libres que le quedaban para recibir clases y escuchar cintas grabadas que contribuían a mejorar y a perfeccionarle la fonética.

Pocos días después de su elección, en octubre de 1978, Juan Pablo II hizo gala de su carácter cercano y de su tendencia a la improvisación y a la espontaneidad, anunciando que quería recibir a los periodistas que habíamos cubierto el cónclave. Era la primera vez que me encontraba tan cerca del Papa. Y la segunda vez que un Sumo Pontífice recién elegido recibía a los medios de comunicación social en una audiencia especial. Ésta, que ha pasado a ser una tradición que han continuado Benedicto XVI y el papa Francisco, la inició Juan Pablo II cuando nos dijo a los periodistas, sonriendo, que había seguido lo que habíamos escrito sobre el precónclave y, luego, lo que contábamos del cónclave. «Y la verdad —afirmó—, no se parece mucho a lo que ha sucedido en realidad.» En cualquier caso, después de animarnos a que contásemos lo que sabíamos de buena fuente, comentó que los periodistas éramos tan importantes que si viviera hoy san Pablo, éste ejercería la profesión y trataría de presentar un telediario.

La audiencia que nos ofreció Juan Pablo II supuso una nueva oportunidad para adentrarse de una forma más personal y familiar en el misterioso y fascinante mundo del Vaticano.

El encuentro tuvo lugar el 21 de octubre de 1978, cinco días después de su elección al papado. Nos saludó con un «Sed bienvenidos» que nos conquistó de inmediato, pues cubrir las noticias del Vaticano es realmente interesante, pero a menudo nos encontramos con escasa accesibilidad para encontrar y contrastar la información. El Sumo Pontífice parecía ser consciente del esfuerzo que conllevaba nuestra profesión y, sobre todo, después de haber tenido dos precónclaves y dos cónclaves en poco más de un mes, ya que, como todos recordarán, el pontificado de Juan Pablo I duró únicamente treinta y tres días. Fue uno de los más breves de toda la historia de la Iglesia, si bien otros batieron récords, como el del papa Esteban que murió al poco tiempo de ser elegido, y el de Urbano VII que duró doce días.

En su discurso a los periodistas, Juan Pablo II se refirió a los días agotadores a la par que emocionantes que habíamos vivido profesionalmente:

El carácter repentino e imprevisible de los hechos que se han sucedido os ha obligado a echar mano de un conjunto de conocimientos en materia de información religiosa que tal vez os eran poco familiares, y también a responder, en condiciones muchas veces febriles, a una exigencia que lleva consigo la enfermedad de nuestro siglo: la prisa. ¡Para vosotros, esperar la fumata blanca no ha sido una hora de completo reposo!

El Papa nos dio las gracias en repetidas ocasiones, lo que supuso, al menos para mí, una satisfacción, puesto que a todos nos anima y nos encanta que se reconozca nuestra labor.

En aquella audiencia con Juan Pablo II, tuve la oportunidad de dialogar unos minutos con el Santo Padre. Al marcharse de la sala del trono del Palacio Apostólico, en el que tuvo lugar la audiencia, se fue acercando a un lado y a otro del pasillo donde estábamos los periodistas para verle pasar. Cuando se detuvo junto a mí y a los compañeros de RNE le pregunté: «Santidad, ¿habla español?». Sonrió, y en un perfecto italiano me respondió: «Todavía no, pero le he prometido a los cardenales y obispos españoles que lo aprenderé». Con el tiempo, debido a sus obligaciones pastorales y a la perspectiva del viaje a América Latina, le pidió a monseñor Santos Abril, jefe de la Sección de Lengua Española en la Secretaría de Estado, que fuera su profesor.

«Su» maestro de español comenzó a darle clases a finales de octubre de 1978 para la visita a México en enero de 1979. Este viaje estaba ya programado en el pontificado de Juan Pablo I para que el Santo Padre abriera la V Asamblea del CELAM, la Conferencia General del Episcopado Latinoamericano.

Juan Pablo II, aunque entendía el castellano pues lo había aprendido en Cracovia cuando era joven, ni lo hablaba ni lo pronunciaba correctamente. Había estudiado nuestra lengua para poder leer en el idioma original las obras de santa Teresa de Jesús y de san Juan de la Cruz, los dos místicos españoles que Juan Pablo II descubrió y en cuyas obras profundizó gracias al sastre Jan Tyranowski, un hombre humilde y sencillo, de una espiritualidad fundamental en la vocación del futuro Papa y cuya vida había sido para el universitario Wojtyla un ejemplo de santidad.

Pero volvamos a esos días previos a su viaje a México. En apenas cien días, monseñor Abril enseñó al Santo Padre a leer en español con un buenísimo acento y a expresarse en la lengua de Cervantes de forma más que aceptable. Recuerdo que en México, por ejemplo, tuve la oportunidad de preguntarle si estaba contento ante las muestras de fervor y de calor humano que le brindaron los mexicanos. Recurriendo a las enseñanzas de su profesor, me respondió: «Sí, sí, estoy muy, más, mucho contento».

Tengo varias anécdotas en relación con el idioma español, que resultan además muy divertidas. Durante su visita a Granada, en el primer viaje que hizo a España en 1982, un grupo de jóvenes escribió en una pancarta un texto, con ese gracejo andaluz imposible de comprender para un extranjero. Los chicos habían escrito: «Juan Pablo, so pillo, nos has metío en er borsillo». El Papa la leyó y la releyó y, en vista de que no entendía nada, se volvió hacia el sustituto de la Secretaría de Estado, monseñor Martínez Somalo, y le preguntó con curiosidad: «Don Eduardo, ¿dónde les he metido?». Si para un español de cualquier otra comunidad que no sea la andaluza a veces ya resulta difícil comprender las expresiones de esta cálida tierra de nuestro sur, ¡ni que decir tiene lo que debe de ser para un polaco!

En la visita que hizo al extremo norte, en Santiago de Compostela, en la Jornada Mundial de la Juventud (JMJ) del 19 de agosto de 1989, una multitud de jóvenes se había congregado para esperarle en el Monte del Gozo. Algunos pasaron allí varias noches, en sacos de dormir, dentro de tiendas de campaña o directamente bajo el cielo raso. En su primer discurso, que tuvo como marco incomparable la plaza del Obradoiro, Juan Pablo II pronunció una alocución muy poética. Pensando en la legión de muchachos que le aguardaban en el Monte del Gozo, del que siempre dijo «fue un gozo para el Papa», se dirigió al apóstol llamándole «Señor Santiago»: «Heme aquí peregrino de todos los caminos del mundo; vengo de la Roma luminosa y perenne. Junto a mí ha llegado un mar inmenso y juvenil que ha salido de todos los torrentes de la tierra. Caminamos hacia el final de un milenio y queremos que esté señalado con el emblema de Cristo». A Compostela habían ido algunos jóvenes del Líbano e incluso, aunque muy pocos, chicos de varios países del Este. Hubo muchachos que hicieron el viaje en bici, otros en moto, y unos franceses realizaron el periplo en globo. La anécdota lingüística surgió cuando el grupo de jóvenes españoles, como suele hacerse en los encuentros de la juventud, escenificaron con una simbólica coreografía, al son de la música y del baile, las diversas tentaciones de la sociedad consumista: droga, sexo, dinero... Representaron la peligrosa fascinación que ejerce este último, cantando a ritmo de rock: «Pasta, pasta, más pasta». Mientras el grupo coreaba el estribillo: «¡Queremos pasta, mucha pasta, más pasta!», Juan Pablo les observaba con atención, hasta que, absolutamente intrigado, comentó al arzobispo de Toledo y cardenal primado de España: «¡No comprendo por qué quieren comer todos espaguetis!». Su Eminencia, don Marcelo Martín, no pudo por menos que sonreír y le explicó que la pasta a la que los chicos aludían era el dinero.

Dos años después de aquel curioso malentendido, el Papa volvió a vivir, en su Polonia natal, otra situación que se prestaba al equívoco, durante la posterior JMJ en Czestochowa. Era la primera JMJ en la que participaban jóvenes de los países del Este, incluso fueron doscientos soldados rusos, ya que Gorbachov había liberalizado los trámites burocráticos en las fronteras con la Europa occidental. Desde una de las terrazas del santuario-fortaleza, Juan Pablo II saludó al océano de jóvenes que abarrotaban la explanada y los alrededores. Les fue saludando por países: Albania, Alemania, Irlanda, Rumanía, Rusia, Francia... Al decir España, estalló un aplauso ensordecedor y todos gritaron a coro: «To-re-ro, to-re-ro». Una palabra que para los jóvenes encerraba maestría, admiración y valentía. Juan Pablo II creyó que decían «Toledo», y al ver la cantidad de muchachos que gritaban aquello, exclamó sorprendido: «¡Cuántos chicos de Toledo!». Y recordando en ese instante su visita a la Ciudad Imperial, añadió: «¡Qué bonita es Toledo!». Terminados los saludos, debieron de sacarle de su error, ya que muchos años más tarde, al despedirse de los jóvenes en el aeropuerto de Cuatro Vientos en Madrid, cuando apenas podía moverse debido al Parkinson, al oír el saludo de los jóvenes que de nuevo le decían «Torero», comentó sonriendo a los cardenales que le acompañaban: «¡Ya sé que no son de Toledo!».

Pero quizá la anécdota más entrañable tiene como protagonista a un torero de verdad, un famoso diestro que fue recibido en audiencia junto a su familia en la Sala Pablo VI. La noche anterior, al terminar la cena en el prestigioso restaurante Mario, el «maestro» me preguntó qué podía decirle al Papa cuando se acercara a saludarle. Sin pensármelo dos veces, le propuse: «Dile al Papa que eres torero y que te juegas la vida en la plaza».

A la mañana siguiente, ese miércoles, siguió al pie de la letra mi consejo: «Santidad, soy torero y me juego la vida en la plaza». Detrás venía su madre que se presentó como: «Soy la madre del torero que se juega la vida en la plaza». A continuación, fue la hermana quien utilizó la misma fórmula de presentación: «Soy la hermana del torero que se juega la vida en la plaza».

Ya desde el primer saludo, el Papa se había quedado bastante desconcertado, por lo que, al escucharlo por tercera vez, no pudo menos que preguntarles con curiosidad: «¿Y a qué juegan ustedes?».

También ocurrieron malentendidos con el idioma español en visitas a Latinoamérica: en La Habana, en enero de 1998, estando en el palacio de la Revolución, en ocasión de la visita de cortesía al presidente Fidel Castro. Terminado el encuentro de carácter privado, en el momento del intercambio oficial de regalos, Castro obsequió al Papa con un precioso volumen de las obras completas del padre Varela. Éste era un sacerdote ejemplar, un patriota de la independencia cubana, muy querido por el pueblo y cuya causa de beatificación está abierta en Roma. Fidel Casto le dijo: «Santidad, he pensado que este regalo podría ser de su agrado», y completó la frase «por este libro me he roto la cabeza». A lo que Juan Pablo II, solícito y preocupado, le preguntó: «¿Se hizo usted daño, presidente?».

2

Cartas a Juan Pablo II

*S*iempre han sido infinitas las cartas que llegaban a la oficina de correos de la Ciudad del Vaticano dirigidas a Su Santidad Juan Pablo II. De forma diaria y procedentes de lugares de los cinco continentes. Cartas, postales, e incluso innumerables dibujos que le enviaban niños de educación primaria. Toda la correspondencia, archivada rigurosamente, pasaba a la secretaría del Papa, que respondía cortésmente para notificar al interesado que Su Santidad había recibido la misiva.

En los años noventa, el dramático avispero en el que se convirtió la zona de los Balcanes, en plena guerra de Bosnia, y la terrible situación que estaba atravesando Europa angustiaba y preocupaba mucho al Papa. Existía un peligro inminente de que aquello pudiera extenderse y que el conflicto de los Balcanes acabara arrastrando a los países a una tercera guerra mundial. Juan Pablo II imploraba la paz sin cesar. Hacía constantes llamamientos a los responsables de los diferentes Estados y potencias del mundo, rogándoles que pusieran fin a esa guerra que, como todas, advertía: «Es una espiral sin retorno», «una derrota de la humanidad». Las palabras del Santo Padre parecían caer en saco roto. No le escucharon, y el odio entre etnias y religiones seguía creciendo. La muerte, las represalias, la venganza y la violencia se adueñaban de los habitantes de esa región sembrando el suelo de sangre y lágrimas.

En ese contexto, la popular y querida Raffaella Carrà me invitó al programa que presentaba en Televisión Española —como todos los suyos, de gran éxito—, para que contara el viaje del Santo Padre a Croacia. Relaté con todo detalle aquella visita apostólica, sobre todo el momento en que en la explanada, a las afueras de Zagreb, rodeados de miles de mutilados de esa guerra fratricida, y de miles de personas con el corazón herido y roto por un exasperado nacionalismo, el Papa instó con vehemencia a «tener el valor de pedir perdón y tener la audacia de saber perdonar». Exhortó a las gentes de la ex Yugoslavia, en especial a los habitantes de la vecina Bosnia-Herzegovina, «que hicieran callar los fusiles». Traté de transmitir el horror y el odio que se respiraba en aquella región y, como consecuencia, la Carrà decidió unirse a la súplica del Papa con una singular iniciativa. Propuso a los espectadores: «Enviad a Juan Pablo II una postal con esta única frase: "Estamos contigo por la paz en Bosnia"».

Ni desplegando toda la imaginación posible pudimos figurarnos la intensidad, la repercusión y el eco que tendría la idea de Raffaella.

A la Ciudad del Vaticano llegaron cientos de miles de postales idénticas. Los empleados de correos llenaron sacos de correspondencia de España que inundaron el apartamento pontificio. ¡No entendían nada! Según me dijeron, hasta llamaron a la nunciatura de Madrid para saber el motivo de tantas postales. Por casualidad, hablando un día con el jefe de la sección española de la Secretaría de Estado, salió a relucir el tema y enseguida supe que se trataba de la propuesta televisiva de Raffaella. «Monseñor, ¿son postales que piden la paz por Bosnia?», le pregunté. «Sí —me respondió intrigado—. ¿Cómo lo sabes, Paloma? ¡Todos escriben lo mismo: que están con el Papa!» Se lo expliqué, y así fue, con un mar de postales unidas por una misma frase y por una noble intención, como Juan Pablo II conoció a miles de españoles, de alumnos y alumnas, de monjas, frailes, familias enteras, que desde los colegios, universidades, conventos y casas particulares compartían su esperanza de fraternidad y de paz para esos pueblos atenazados por la guerra. Estoy segura de que esa legión de españoles, con una simple postal, le proporcionó una gran alegría.

He tenido, asimismo, la suerte de leer tres cartas destinadas a Juan Pablo II que, aunque nada tienen que ver con la guerra, dejan entrever la personalidad de sus autoras. Fueron escritas por tres conocidas e importantes mujeres italianas. La primera la envió Irene Pivetti, presidente de la Cámara de Diputados de Italia, la más joven de la historia de la República italiana, en diciembre de 1995. Impresionada por las alocuciones y escritos de Juan Pablo II sobre el papel de la mujer, esta muchacha de treinta años, elegante, guapa y muy atractiva, escribió:

Santidad:

Quisiera felicitarle con mucho afecto y con gran devoción católica. Si tuviera que expresar algún deseo, pediría que Su Santidad prosiguiese en su labor en estrecha unión con Cristo, pues sólo así podrá llevar a cabo su urgente tarea. De la mujer ha dicho siempre cosas bellísimas, y últimamente le ha dedicado gran atención. Le pido que nos ayude a ser cada vez más madres como María y a estar cada día más enamoradas de Jesús, como María Magdalena...

Un saludo respetuoso.

Más breve, pero quizá más entrañable, fue la carta de la actriz Monica Vitti, musa del director Michelangelo Antonioni, y protagonista de inolvidables películas como *La siciliana*; *Amor mío, ayúdame*; *El eclipse* y *La noche*, entre otras. Decía así:

Querido y amadísimo Papa:

Su fe, su presencia, su vida han iluminado mi trabajo y mis pensamientos. Un Papa como Su Santidad, tan lleno de fe y de bondad, junto a la dulzura de María, hace que me sienta más fuerte y me infunde valor para enfrentarme a la vida y al trabajo. Gracias por todo. Espero que su bendición me siga allá donde esté o vaya.

Con todo mi corazón.

La última de estas tres cartas a las que hago referencia transpira el trágico fenómeno de la mafia. La escribió la esposa del juez Borsellino, quien, al igual que su colega Falcone, combatió sin descanso contra la organización criminal en pos de una democracia en la que imperase la paz. Y pagó esa lucha constante con su propia vida: fue acribillado a tiros a las puertas de su casa, el 19 de julio de 1992. Giovanni Falcone murió, dos meses antes, en un atentado de Cosa Nostra a las afueras de Palermo, el 23 de mayo de 1992. Como siempre ocurre con la mafia, nadie vio nada. Nadie sabía nada. Nadie oyó nada. Y, todavía a día de hoy, las dos muertes esperan encontrar al que fuera su responsable.

Agnese Borsellino, la mujer del juez asesinado, falleció sin haber puesto un rostro y un nombre al asesino o a los asesinos del clan de Cosa Nostra que le arrebató a su marido, al padre de sus hijas.

Conmovida y emocionada, escribió una carta a Juan Pablo II, a quien le confió su dolor y también el orgullo que sentía por el ejemplo y el sentido del deber de su marido.

Amado Papa:

Quiero agradecerle la atención que Su Santidad ha tenido hacia la mujer. Yo, Agnese Borsellino, hija de la martirizada tierra de Sicilia, creo que la paridad entre los sexos no consiste en conseguir cargos oficiales, sino que lo que cuenta es que esta sociedad llegue a hacer suyos los valores que caracterizan a la mujer. Sueño en que ésta sea en la sociedad una amiga, una compañera, una hermana, una esposa, una madre.

Mi marido decía que no es el cargo lo que hace importante al hombre, sino la manera como ese hombre cumple con su deber. Él lo hacía por la familia que tenía a su lado. A la Iglesia, nuestra Madre, yo le diría que imitara a María, la mujer por excelencia.

Felicidades a todos, a los que tienen fe y a los que no la tienen. Dios nos ama.

3

Juan Pablo II juega a la petanca y visita el hospital Bambino Gesù

Juan Pablo II tenía un carisma especial. Fue siempre un Papa con muchísimo tirón. Tenía grandes cualidades que le daban ese atractivo y que le hacían tan popular. El gran sentido del humor y la naturalidad le permitían responder de forma espontánea y con el corazón en la mano a las preguntas más curiosas e impensables que le hacían. Así conquistaba a todos, niños, jóvenes o ancianos, fueran o no creyentes. Sus valores y esas características de su personalidad dejaban al descubierto al verdadero Karol Wojtyla, quien, desde sus años en la escuela, era un auténtico líder. Cuando fue elegido Obispo de Roma y, como tal, Vicario de Cristo, sintió que era su deber pastoral conocer y visitar a los diocesanos de la Ciudad Eterna.

Empezó, siempre que era posible, yendo los domingos temprano por la mañana a una parroquia de su diócesis. Concelebraba la misa con el párroco y los sacerdotes y se quedaba hasta poco antes del mediodía, ya que en la plaza de San Pedro le aguardaban para rezar el ángelus desde la ventana del Palacio Apostólico.

Hablaba con los jóvenes, con los matrimonios, con los niños que se preparaban para la primera comunión o con los que se preparaban para la confirmación. Se interesaba también por las actividades culturales y deportivas de la parroquia.

En una visita al barrio de Quarticciolo, terminada la eucaristía, fue al centro social, una especie de club para las personas mayores, donde se jugaba a la petanca. Como a los españoles, a los italianos les encanta este juego, pero es prácticamente desconocido en Polonia. Dicen que el origen se remonta a los egipcios, y quizá fueron los romanos del Imperio quienes lo importaron a la Urbe. El juego exige cierta habilidad y algo de entrenamiento para lograr lanzar las bolas, que pesan cada una novecientos gramos.

Aquel domingo en la parroquia del Quarticciolo, Juan Pablo II fue acogido con entusiasmo por los campeones del barrio, que quisieron lucirse con una demostración de sus habilidades. El Papa escuchó las explicaciones que sobre el juego le dio el cardenal vicario de Roma, Ugo Poletti. Preguntó a los jugadores si, además de practicar la petanca con asiduidad, asistían también a las celebraciones religiosas. En definitiva, como decía san Benito, si practicaban el «Ora et lavora». En este caso, el fundador de los Benedictinos y Patrón de Europa lo habría adaptado al «Ora et gaude», es decir, reza y diviértete.

Mantuvo una conversación espontánea y divertida. El ambiente parecía distendido y muy familiar, hasta el punto que uno de los presentes se atrevió a invitar al Papa a que lanzara una de las bolas. Juan Pablo II calculó la distancia y lanzó la esfera con fuerza. Era su debut en este juego que aparentemente parecía muy fácil. Y, claro está, no se lució. A pesar de que la bola se quedó muy alejada del objetivo, todos los presentes aplaudieron y gritaron a coro: «¡Buena jugada, santidad! *Bravissimo!*». El Santo Padre les miró y les advirtió sonriendo: «Deseo que juguéis mejor que el Papa, pero también espero que recéis tanto como reza el Papa». Una frase que no necesita comentario alguno.

Al igual que ocurrió en la parroquia de Quarticciolo, a Juan Pablo II le gustaba entablar diálogo de forma espontánea, sobre todo cuando estaba con niños. Le encantaba que le hicieran preguntas, a las que contestaba con ternura como lo haría un abuelo con sus nietos. En el primer viaje a Australia en 1986, en una escuela infantil de Melbourne, una niña pequeña le preguntó por qué iba siempre vestido de blanco, ya que su mamá decía «que el vestido blanco le daba mucho trabajo porque se ensuciaba mucho». «Dile a tu mamá —le respondió Juan Pablo II— que tiene toda la razón, pero que al Papa no le dejan ponerse otro color.»

En el Hospital del Niño Jesús, en Roma, donde fue a visitar a los enfermos de cáncer, una niña de pocos años, rubia, preciosa, palidísima debido a la leucemia que sufría, se sentó al lado del Papa y le cogió la mano sin soltársela. «¿Cómo te llamas?», le preguntó ella. Juan Pablo II, con infinita ternura, le respondió: «Tengo muchos nombres. Me llamo Karol, de pequeño me llamaban Lolek, ahora Juan Pablo, Santidad, Papa...». La niña, admirada y asombrada a un tiempo, volvió a preguntarle: «¿Y también tienes muchos niños?».

El Papa le contestó: «Millones de niños a los que quiero mucho, como te quiero a ti». La pequeña debió de pensar que aquel señor con traje blanco era alguien muy especial, que incluso tenía poderes mágicos. Embelesada, preguntó de nuevo: «¿Y a los niños que estamos muy malitos nos puedes curar?». Juan Pablo II contestó estrechándola entre los brazos y besándola en la frente.

De Juan Pablo II y los niños, en este caso recién nacidos, recuerdo la ceremonia durante la festividad del Bautismo del Señor en la Capilla Sixtina, donde es tradición que el Sumo Pontífice imparta el sacramento a un reducido número de bebés, nacidos en los últimos tres meses del año. Esa mañana, una de las octavas maravillas del mundo se transformó en el nido de una maternidad. Críos que lloraban, madres desesperadas que trataban de hacer callar a sus retoños —sin gran éxito, puesto que la hora de comer de un bebé no admite demora—, los hermanitos que correteaban de un lado a otro y no había forma de conseguir que se quedasen sentados... «un *piccolo* y santo caos». Recuerdo en particular la ceremonia de 2001, cuando el Papa, que era consciente del nerviosismo y de la preocupación de los familiares por imponer el silencio en la Capilla Sixtina, les tranquilizó diciendo que «no olvidaran que los protagonistas eran los recién bautizados, y que tenían todo el derecho a manifestar su alegría y, por supuesto, a protestar porque tenían hambre». Y terminó diciendo: «Dejadles que lloren todo lo que quieran, porque ni a Jesús ni al Papa les molestan».

4

La boda de la hija del barrendero

A media mañana del 25 de febrero de 1979 quienes estaban o pasaban por la plaza de San Pedro se quedaron desconcertados y asombrados al ver la cantidad de fotógrafos, periodistas y cámaras de televisión que se congregaban en torno al obelisco. Algunos turistas se interesaban por si todo aquel despliegue se debía a la posible presencia del Santo Padre; otros pensaban que algún personaje importante, tal vez un jefe de Estado de un país poderoso, habría venido al Palacio Apostólico de visita oficial.

A quienes más preguntaban eran a los equipos de televisión, puesto que eran muy numerosos y procedían de diversas naciones. Los periodistas les explicamos que se trataba de la boda de la hija de un barrendero de Roma con un electricista. Una señora napolitana, casi escandalizada, exclamó: «¡Ni que les casara el Papa!». Pues sí. Eso era lo que estaba ocurriendo. A Vittoria Ianni, cajera en unos almacenes, y al electricista Mario Maltese les había unido en matrimonio Su Santidad Juan Pablo II. Una boda que tuvo el marco incomparable de la Capilla Paulina, en cuyas paredes laterales se pueden admirar las dos últimas obras de Miguel Ángel. En el mural de la izquierda, el gran Buonarroti representó la caída del caballo de Pablo de Tarso; y en el de la derecha, la crucifixión de san Pedro. De esta capilla salen también en procesión los cardenales electores mientras entonan el *Veni Creator*, minutos antes de entrar en la Capilla Sixtina y votar en el cónclave; antes, claro, de que el maestro de ceremonias pontificias cierre las puertas y pronuncie el famoso *Extra omnes*. La Paulina es, por tanto, un lugar emblemático y privado que no está abierto al público, y que se comunica con la imponente Sala Reggia, donde se halla la sacristía pontificia y prestan servicio de forma permanente dos soldados de la Guardia Suiza con el uniforme de gala.

Era lógico, pues, que la boda de la hija de Giuseppe Ianni, el barrendero jefe encargado de la limpieza del distrito, acaparase más interés y tuviera mayor cobertura informativa y gráfica que el enlace de Grace Kelly y Rainiero de Mónaco. La pregunta es: ¿cómo es posible que dos jóvenes de familia modesta se unan en santo matrimonio en un lugar tan exclusivo, teniendo como oficiante al propio Papa? El sueño inimaginable para esta pareja, de clase modesta, empezó el 31 de diciembre de 1978, cuando Juan Pablo II regresaba al Palacio Apostólico después de la celebración de las solemnes Vísperas de Fin de Año en la iglesia madre de la Compañía de Jesús. Al igual que su predecesor, Pablo VI, Juan Pablo II, antes de entrar en el Vaticano, dedicó una media hora para visitar el Nacimiento de los barrenderos de San Pedro, que se instala en el almacén de los utensilios de trabajo en una calle que desemboca en Porta Cavalleggeri. Este Belén es uno de los más populares de Roma, que durante el período navideño se puebla de nacimientos. Aquella tarde el personal del servicio de limpieza aguardaba con gran emoción la llegada del Papa. En primera fila estaba el artífice, el barrendero Giuseppe Ianni, y, junto a él, los compañeros de trabajo y los familiares de todos ellos. Habían adornado el almacén con guirnaldas de flores y banderitas vaticanas, y en la entrada habían colocado cuatro cubos de basura pintados de purpurina plateada, que contenían tiestos de flores rojas. Giuseppe mostró al Santo Padre cada detalle del Belén realizado con esmero y gran realismo; el acueducto estaba elaborado con pequeños fragmentos de piedras de las últimas restauraciones hechas en la basílica vaticana; el suelo estaba cubierto con piedrecitas traídas de muchos lugares del mundo, la mayoría de la propia ciudad de Belén, y hasta los panecillos que decoraban las cestas de los pastores, así como la leña, eran de verdad, aunque en miniatura. Un Belén del que los barrenderos romanos se sentían muy orgullosos. El Papa les felicitó y fue saludando a todos, uno por uno. Cuando llegó a la familia Ianni, Vittoria, la hija mayor, en un gesto de espontaneidad le confió al Santo Padre que iba a casarse en febrero y le pidió que bendijera el matrimonio. Vittoria esperaba que el Sumo Pontífice le otorgara una simple bendición por escrito; jamás pudo imaginar que Su Santidad oficiaría el sacramento. Aún recuerda con exactitud las palabras del Santo Padre: «Habla con los monseñores encargados y prepara los papeles de la boda». En la sacristía de la Ciudad del Vaticano dispusieron los certificados ya que, al ser en la Santa Sede, Mario y Vittoria iban a casarse ¡en un país extranjero!

La noticia de la boda corrió como la pólvora y el día en que el acontecimiento tuvo lugar, a la salida de los recién casados, en las inmediaciones de la columnata de Bernini, se organizó un asalto informativo en toda regla, con una cobertura de prensa, radio y televisión de dimensiones espectaculares.

Cuatro veces más durante su largo pontificado, Juan Pablo II visitó el Belén de los vecinos barrenderos. Transcurridos los años, Mario y Vittoria fueron padres de tres hijos: unos gemelos y una niña, a los que el Papa llamaba cariñosamente «sus sobrinos espirituales».

Las revistas y la prensa en general, como es natural, ofrecieron a los señores Maltese mucho dinero por la exclusiva de una entrevista o por las fotos de la ceremonia, pero ellos nunca aceptaron. Unos años después de la muerte de Juan Pablo II, por una de esas circunstancias casuales de la vida, conocí a Vittoria, quien, en un homenaje de agradecimiento y de amor a la memoria del inolvidable Papa, me concedió una entrevista. En su casa me mostró las fotos de su boda en la Capilla Paulina. Por supuesto ¡gratis! Y me contó además un pequeño secreto:

Mario y ella pensaron que el viaje de novios tenía que estar en consonancia con una boda tan extraordinaria y única, así que se fueron de luna de miel a Francia, donde hicieron una parada muy especial en el santuario de Nuestra Señora de Lourdes.

5

Liliana Cavani y Juan Pablo II

A Juan Pablo II le gustaba el teatro, pero también el séptimo arte, siempre que fueran obras maestras o sencillamente buenas películas que no se limitaran a una trama banal o a ser un simple entretenimiento. En Polonia, estimaba y conocía bien a Andrzej Wajda y a Krzysztof Zanussi, dos directores que han firmado filmes de tanta categoría que han entrado en la historia de la cinematografía mundial por mérito propio como *El hombre de hierro*, *Katyn*, *La tierra de la gran promesa*, *Hermano de nuestro Dios*, *El sol negro* y la incluso célebre *De un país lejano: Juan Pablo II*. Además, el primero de ellos, Wajda, obtuvo numerosos premios, entre otros un Oscar honorífico.

En la Ciudad del Vaticano no hay un cine y, menos aún, una multisala moderna donde se proyecten películas a las que asistan cardenales y monseñores, pero sí hay una espléndida filmoteca que posee cientos de documentales y películas a los que monseñor Enrique Planas, que fue jefe de servicio de las Comunicaciones Sociales, dedicó el entusiasmo y el trabajo de muchos años. Actualmente es una filmoteca de gran prestigio, donde están archivados los títulos de todos los largometrajes que poseen, con una ficha completa y bien detallada de cada uno. A menudo, acuden a consultarla cinéfilos y estudiosos previa solicitud por escrito, claro está. Un proceso muy parecido al que se sigue en el Archivo Vaticano y en el Archivo Secreto, donde resulta difícil acceder puesto que son muchos los requisitos que hay que cumplir para obtener la autorización.

Hasta el pontificado de Wojtyla, la sala de proyección se encontraba en el edificio de la Pontificia Comisión para las Comunicaciones Sociales, frente a la puerta de entrada del palacio que está en la plaza de San Carlo, una minúscula y tranquila explanada, a dos pasos de la Residencia Domus Santa Marta, donde habita el papa Francisco.

Para ver la película que deseaba, Juan Pablo II se traladaba pues del Palacio Apostólico a la filmoteca. Previamente, el secretario del Sumo Pontífice, don Stanislaw Dziwisz, advertía a monseñor Planas cuál era la película que el Santo Padre deseaba ver. La proyección tenía siempre carácter privado. Al Papa le gustaba verla acompañado por el director de la cinta o por alguien relacionado con ella. Así, por ejemplo, vio *La lista de Schindler* acompañado de la viuda del protagonista de la película, el empresario que se jugó la vida para salvar a los empleados de su fábrica, cientos de judíos polacos. Cuando terminó la proyección, el Papa preguntó a frau Schindler sobre sus recuerdos de aquel terrible período. También invitó a Roberto Benigni para ver juntos *La vida es bella*. Una vez finalizada la película, Juan Pablo II dijo al director italiano: «Gracias por esta historia de amor paterno. ¡Qué hermosa y poética demostración de cómo en el campo del odio hay también lugar para el amor!». Benigni se emocionó al escuchar el agradecimiento del Papa.

Éste quiso que le proyectaran también *La Pasión*, de Mel Gibson. «Así debió de ser la Pasión de Cristo», fueron las palabras que pronunció al terminar la película. Entre todos los largometrajes, hubo uno que Juan Pablo II tenía verdaderos deseos de ver: *Francesco* (que relata la vida de san Francisco de Asís) de Liliana Cavani, la directora italiana controvertida y atea. En definitiva, una mujer compleja y ambigua, autora también de películas tan polémicas o escandalosas como *La piel* y *El portero de noche*. La Cavani ha sentido siempre una atracción especial por la figura del santo de Asís; y la historia del «juglar de Dios» le apasiona de tal manera que le ha dedicado dos películas. Cuando el secretario, don Stanislaw, comunicó a los responsables de la filmoteca que Su Santidad deseaba ver *Francesco* y que además quería invitar a la directora, Liliana Cavani, más de un monseñor de la Secretaría de Estado puso el grito en el cielo y le aconsejaron, con el debido respeto pero con insistencia, que «no debería estar presente la autora». El Papa no siguió el consejo y la propia Cavani, monseñor Dziwisz y el director de la filmoteca, monseñor Planas, asistieron a la proyección.

Vieron la película en un emotivo silencio. Ya al final de la historia, que aborda los últimos años de la vida del santo, en que se reviven la desilusión y la amargura de Francisco que ve que esa «Madonna Pobreza» que él buscaba ha sido desvirtuada, en ese momento de intensa emoción, Juan Pablo II se pasó la mano por los ojos, como enjugándose una lágrima. De alguna manera, hacía suyo el desaliento, el dolor de Francisco de Asís. La fuerza espiritual y la sensibilidad de Juan Pablo II impresionaron tanto a la Cavani que, al llegar a su casa, le escribió esta carta:

Querido Papa:

Vimos juntos mi película y noté tu emoción. No prejuzgaste la obra por el hecho de que la autora fuera una mujer; al contrario, me has dado las gracias varias veces por ello y yo te las doy por tu amplitud de criterio. Eres un gran devoto de María, conoces su profunda sabiduría y, por lo tanto, nunca has dudado en declarar tu admiración por las cualidades innovadoras y la inteligencia de la mujer y subrayar la preciada y desconocida riqueza de sus valores.

Con tus palabras has librado al mundo de su ignorancia milenaria, esa ignorancia que durante tanto tiempo ha sido la causa de que a menudo las mujeres fueran objeto de intolerancia, de violencia y de todo tipo de infamias que sin duda han ofendido a María.

Con tu nuevo anuncio has iniciado una obra de valor inmenso para los hombres y las mujeres de todas las culturas, y si ese anuncio es escuchado, enriquecerá las conciencias y aportará la paz.

La carta concluía con estas seis palabras: «Gracias, Papa, hombre digno de María».

6

La madre Theresa Kane

Karol Josef Wojtyla nació en el pequeño pueblo de Wadowice, a sesenta kilómetros de Cracovia, el 18 de mayo de 1920. Le bautizaron en la iglesia parroquial que da a la plaza principal de la localidad, a pocos metros de la modesta casa donde vivía con sus padres: Karol, un oficial del nuevo ejército polaco que había servido también en las filas del emperador de Austria-Hungría, y Emilia, hija de un tapicero de Cracovia. El pequeño Karol tenía un hermano, Edmund, catorce años mayor y por el que el pequeño Lolek (como se conocía a Juan Pablo II) sintió siempre una gran admiración y un extraordinario cariño. Los Wojtyla eran una familia muy querida y respetada en el pueblo. Edmund estudiaba Medicina y era un alumno aplicado. Ejerció de médico en un hospital de Cracovia. Desde el jardín de infancia Karol fue un niño modelo y un alumno brillante, siempre el primero en los estudios y el líder de la clase. La única sombra que se cernía sobre los Wojtyla, la gran preocupación, era la salud de la madre que, después de dar a luz a Karol, se debilitaba por días hasta que enfermó gravemente. En abril de 1929, la muerte de Emilia Kaczorowska marcó de modo indeleble la vida y la personalidad del primer Papa polaco de la historia. Por aquel entonces, Karol acababa de cumplir nueve años y la pérdida de su madre supuso para él un gran dolor, aunque después, con el tiempo, encontraría en María, bajo la advocación de Nuestra Señora de Jasna Gora, patrona de Polonia, el maternal consuelo que tanto necesitaba. El joven Karol volcó su amor en la Virgen de Czestochowa y en ella halló refugio a lo largo de su vida. A menudo peregrinaba con su padre al santuario mariano para rezar a la Virgen con la seguridad y la confianza absoluta de que ella jamás le abandonaría. De aquella tragedia nació su amor y su admiración por la Virgen, que plasmaría en el lema de su escudo arzobispal: *Totus tuus* (todo tuyo). Una admiración que también trasladaría más adelante, como un paladín medieval, a la defensa y dignidad de la mujer.

En la carta apostólica *Ordenatio Sacerdotalis*, de mayo de 1994, Juan Pablo II deja claro el NO a la ordenación sacerdotal de las mujeres, pero también es cierto que en ocasión de la IV Conferencia Mundial sobre la Mujer, que se celebró en Pekín en 1995, dirigió una carta a todas las mujeres del mundo asegurando «que había llegado la hora de mirar la Historia con la valentía de la memoria, tiempo de reconocer los errores y de admitir que las mujeres han contribuido tanto como los hombres en la historia de la humanidad y en condiciones más adversas». En la carta pedía igualdad efectiva de salarios, promociones justas y denunciaba la explotación de la sexualidad, el machismo agresivo y las violaciones que acababan en abortos que, más que responsabilidad de la mujer, son, según afirmó, «crímenes imputables al hombre». El «no» al sacerdocio femenino se ganó las críticas y las protestas de un amplio sector de la sociedad. No obstante, hay que señalar que Juan Pablo II dedica a la mujer un maravilloso piropo en forma de encíclica: *Mulieris Dignitatem*; un documento publicado el 15 de agosto de 1988 que años más tarde, en 1995, completó con una carta dirigida al universo femenino. El Papa concluía aquel texto con un gracias a la mujer-madre «que te conviertes en seno del ser humano con la alegría y los dolores del parto de una experiencia única, la cual te hace sonrisa de Dios para el niño que viene a la luz y te hace guía de sus primeros pasos, apoyo de su crecimiento, punto de referencia en el posterior camino de la vida». «Gracias a la mujer-esposa; a la mujer-trabajadora; a la mujer-consagrada. Gracias a la mujer-hija y mujer-hermana...» Un gracias coral que concluye con un «te doy gracias a ti, mujer, ¡por el hecho mismo de ser mujer! Porque con la intuición propia de tu femineidad enriqueces la comprensión del mundo y contribuyes a la plena verdad de las relaciones humanas».

Sí, esta encíclica de Juan Pablo II desborda respeto y afecto por la figura de la mujer, aunque permanece tajante en su posición respecto al sacerdocio femenino, recurriendo a la Historia como fuente de sus argumentos y remarcando que Jesús en la Última Cena, donde instituye el sacramento de la eucaristía, ni siquiera invitó a su madre, María. Sólo estuvieron los doce apostóles.

La hermana Theresa Kane, presidenta de la Leadership Conference of Women Religious de las religiosas estadounidenses y luchadora tenaz y constante en la reivindicación de la mujer sacerdote, no aceptaba esta argumentación. En el primer viaje de Juan Pablo II a Estados Unidos, lo hizo patente. El domingo del 7 de octubre de 1979 en el santuario de la Inmaculada Concepción en Washington, la madre Kane fue la encargada de dar la bienvenida al Sumo Pontífice. Vestida con un sobrio traje de chaqueta de color azul marino, abordó inmediatamente el espinoso tema. Si la actitud de la monja cogió por sorpresa al Papa, éste no dio muestras de ello, y en su discurso le respondió con estas palabras: «A la Virgen se la venera como reina de los apóstoles, pero no está incluida en la jerarquía de la Iglesia. María estuvo al pie de la cruz como símbolo y testimonio vivo del valor de las mujeres a través de los tiempos...». Luego añadió: «Ni María ni ninguna otra mujer participó en el Cenáculo con todo lo que este momento significó en la fundación del magisterio eclesiástico». La explicación no satisfizo a la hermana Kane ni a sus seguidoras, que, ataviadas con un brazalete azul, permanecieron dentro del templo, incluso cuando todos los presentes ya se habían marchado. Era un *sitting* de protesta silenciosa, una callada pero elocuente manifestación de desacuerdo. Fue en esta visita pastoral cuando un diario estadounidense acuñó el slogan «We like the singer, but not the song» (Nos gusta el cantante pero no la canción).

7

Viaje a Polonia sin vino

El 2 de junio de 1979 Juan Pablo II besaba el suelo de su Polonia natal. Se trataba de un viaje repleto de emociones. Una multitud entusiasta le aguardaba por doquier entonando cantos a la Virgen y rezando el rosario por las calles. Le dio la bienvenida, en nombre de todo el episcopado, el cardenal primado Wyszynski, la roca fuerte e indómita que sostuvo la fe del pueblo durante los terribles años del comunismo. Cuatro años después, en junio de 1983, el Papa volvió a Varsovia; a una Polonia en estado de asedio a la que el régimen del general Jaruzelski había cortado las alas de la libertad, había hecho añicos la esperanza del pueblo de una Polonia libre e independiente de Moscú con la que soñaban gracias al sindicato Solidaridad, dirigido por Lech Walesa. En aquel año, no estaba el cardenal Wyszynski para esperarle y darle la bienvenida. Había fallecido mientras Karol Wojtyla luchaba contra la muerte en la policlínica Gemelli de Roma tras el atentado en la plaza de San Pedro. En aquella visita, el Papa en su primer discurso recordará al cardenal al pronunciar la palabra «libertad». «Fue un hombre libre, y a nosotros, sus compatriotas, nos ha enseñado la verdadera libertad.» Desde lo alto del podio donde el Papa celebró la misa, en el estadio de la capital, Juan Pablo II hizo resonar su voz gritando veinte veces la palabra «Victoria». Le respondieron miles de personas levantando las manos y haciendo una «V» con los dedos, el gesto adoptado por el pueblo desde la proclamación del estado de sitio.

El gobierno polaco temía que aquella visita del Santo Padre diera lugar a desórdenes públicos, protestas y manifestaciones contra el régimen, por lo que se desplegaron numerosas fuerzas de seguridad y se prohibió la venta de bebidas alcohólicas. Polonia era entonces un país sumido en una lacra social como es el alcoholismo; tal vez un refugio para muchos a fin de olvidar el drama de la nación sometida a la dictadura comunista. Durante aquel viaje papal se convirtió en un pueblo completamente abstemio. En aquellos días polacos y extranjeros saciamos la sed bebiendo agua y zumos de fruta. Ni en el mercado negro se encontraba vino o cerveza. A pesar de la alegría por la llegada del Papa, se respiraba tristeza y desánimo mezclado con un sentimiento religioso desbordante.

De Varsovia, Juan Pablo II prosiguió su viaje hacia el santuario mariano de Czestochowa, meta espiritual de aquella visita. Es una ciudad no demasiado grande, ubicada sobre la colina de

Jasna Gora, conocida en español como «la montaña luminosa». La jornada era gris, lluviosa; reflejaba el ánimo de los polacos que levantaban y exhibían pancartas por doquier con la palabra «Solidaridad».

En la capilla con el icono de la Virgen Negra, proclamada reina de Polonia (un título que ni Stalin se atrevió a arrebatarle), Juan Pablo II ofreció su fajín blanco manchado de sangre que llevaba el día del atentado en la plaza de San Pedro. Como buen polaco, quiso que la Virgen Negra lo tuviera entre los exvotos que cubren las paredes del camarín de Nuestra Señora.

Por la noche, el Santo Padre se reunió con los jóvenes y por vez primera pronunció la palabra prohibida «Solidarnosc» (Solidaridad). «Delante de la Madonna de Jasna Gora deseo agradecer todas las pruebas de *solidaridad*, de esta *solidaridad* humana de la que han dado prueba mis compatriotas, entre estos, los jóvenes, en un período difícil y no tan lejano.» Terminó su alocución advirtiendo que «quizá a veces envidiamos a los franceses, a los alemanes o a los estadounidenses, porque no deben pagar el precio que nosotros pagamos a la historia y porque disfrutan de una libertad sin trabas, mientras que la libertad de Polonia cuesta muy cara».

En Czestochowa, a los pies de la Virgen, pero sobre todo en Katowice —ciudad industrial de Polonia—, el Papa apoyó abiertamente al sindicato y lo defendió de forma explícita. En esta localidad minera, ante una multitud inmensa de obreros, reivindicó el «derecho innato» de los trabajadores a organizarse sindicalmente. «No es un derecho concedido por alguien, sino que nos lo ha dado el Creador, y el Estado únicamente tiene el deber de defenderlo y de vigilar para que ese derecho no sea violado.» Fue un claro desafío al régimen, pero sobre todo a la vecina Unión Soviética.

Juan Pablo II llegó en helicóptero a la etapa final del viaje, Cracovia. «Mi Cracovia», fue el grito apasionado que oyeron decenas de miles de personas que lo acogieron en el parque a las afueras de la ciudad. Como en ninguna otra etapa, el Papa se sintió en casa. Entró en la Universidad Jagellónica, donde estudió y recibió la laurea *honoris causa*; se acercó al cementerio para rezar ante la tumba donde estaban enterrados sus padres y su hermano; beatificó a dos compatriotas rebeldes que habían luchado contra la dominación del zar en 1863. Por la tarde, se trasladó al barrio industrial de Nowa Huta; un prototipo de ciudad, a las afueras de Cracovia, donde, por supuesto, no se concebía la existencia de una iglesia. Contra la voluntad de los jerarcas, los obreros levantaban de forma clandestina los cimientos, que luego eran derribados por el régimen. Pero ellos empezaban de nuevo, sin miedo a las represalias, firmes en su fe, porque querían que en su barrio hubiera una casa para Dios. Karol Wojtyla, en aquel entonces obispo de Cracovia, ayudó a construirla contra viento y marea.

La consagrará a Maximiliano Kolbe (un monje franciscano asesinado por los nazis) en su primer viaje como Papa a Polonia en 1979, un momento inolvidable en el que las campanas tocaron el aleluya que se oyó por todo Nowa Huta. Hoy, en esta ciudad modelo marxista, existen varios templos, que, como recordó Juan Pablo II en su segundo viaje a Polonia, «se han levantado gracias a la fe y a la solidaridad cristiana del pueblo polaco».

8

Viaje en el tren del Vaticano

Pocos saben que la Ciudad del Vaticano es la capital de un Estado minúsculo, de apenas cuarenta y cinco hectáreas, de las que la mayor parte son jardines. Como en cualquier otra capital del mundo, hay una oficina de correos y filatelia, economatos y una buena editorial; también se publica un diario, *L'Osservatore Romano*, con ediciones semanales en polaco, francés, inglés y español. En los jardines, se encuentra la prestigiosa escuela de mosaico que recibe encargos del mundo entero, y un hotel que es más bien una residencia, llamada Domus Santa Marta. Al ser un Estado no falta el cuartel de la Gendarmería y el de la Guardia Suiza. Para prevenir incendios existe un parque de bomberos, aunque, por mis noticias, sus intervenciones se han ceñido más en solucionar problemas relacionados con cañerías o pequeñas inundaciones que en apagar incendios. La farmacia es el único establecimiento de acceso libre, naturalmente con receta médica. Está muy bien abastecida de medicamentos; incluso algunos no pueden encontrarse en Italia, por lo que las colas suelen ser habituales. Se ocupan de la farmacia los

Hermanos de San Juan de Dios, y cuyo farmacéutico es el querido y conocido fray Martín, al que llaman cariñosamente fray Martino, aunque nació en Orense. Anexo a la farmacia, está el ambulatorio, y, no muy lejos, la centralita de teléfonos que si uno marca el 6982, responde solícita la voz de una de las Pías Discípulas del Divino Maestro: «Qui Vaticano».

La ciudad dispone también de un laboratorio fotográfico al lado del Centro Televisivo Vaticano, de una iglesia parroquial en honor a santa Ana y, por supuesto, de una basílica tan impresionante y conocida como es San Pedro. Toda la Ciudad del Vaticano está bajo la dirección del llamado Governatorato, un edificio que recuerda al británico Whitehall. A la entrada de los jardines se halla la estación de tren que, salvo raras ocasiones, ofrece un aspecto bastante desolador. La fachada está ricamente decorada con mármoles y estucos, tiene unas columnas de estilo jónico y dos bajorrelieves que representan al profeta Elías con su carro, y a san Pedro en la pesca milagrosa. Junto a Elías, se vislumbran unas ya desdibujadas manchas negras provocadas por la explosión de una bomba a finales de la Segunda Guerra Mundial, ¡a Dios gracias poco potente!, que un piloto alemán, sin intención bélica, lanzó de manera fortuita y que milagrosamente, nunca mejor dicho, no cayó sobre la Basílica de San Pedro.

Sobre los raíles se pueden ver aparcados dos o tres vagones, pero como el tráfico ferroviario es muy reducido, la gigantesca puerta de hierro, que hace de frontera con Italia, raras veces se abre. La verdad es que se utiliza mayoritariamente, y no con demasiada frecuencia, para el transporte de productos y mercancías destinados a los economatos.

Mientras que el helipuerto, situado en los jardines pero junto a la Torre de San Juan, tiene con los tres últimos Sumos Pontífices mucha actividad, el tren es un medio de transporte que los Papas han usado muy esporádicamente. De hecho, desde que la estación fue construida en los años treinta, muy pocos han sido los que se han subido al ferrocarril. Juan XXIII lo hizo en 1962 para ir al santuario de Loreto y a Asís; a esta ciudad umbra, patria de san Francisco, también llegaron por tren Juan Pablo II y Benedicto XVI. La primera vez que Juan Pablo II viajó en este medio fue a finales de 1979 para celebrar la XXI Jornada Mundial del Ferroviario. Salió de la estación vaticana en el tren Arlequino y recorrió los treinta kilómetros que comprenden la red ferroviaria de Roma, deteniéndose en sus únicas cuatro estaciones. El final del trayecto fue el depósito central, donde celebró la eucaristía en un altar franqueado por dos locomotoras, una de 1915 y otra de los años setenta.

A las cuatro de la tarde, el Papa, los monseñores y los «vaticanistas» salimos de la Ciudad del Vaticano, rumbo a la primera estación: Roma-Salario, de ahí continuamos hacia Roma-San Pietro, Roma-Trastevere y Roma-Termini. En cada una de ellas el Papa fue recibido con entusiasmo, alegría y numerosas pancartas de bienvenida. En cada andén número 1, destinado al tren papal, se congregaron cientos de personas. Incluso pasajeros de otros trenes, al ver la estación tapizada de carteles con VIVA EL PAPA, decidieron apearse y esperar para recibir el saludo y la bendición que el Sumo Pontífice impartía desde la ventanilla del vagón.

Al llegar al final del trayecto, en la entrada del depósito principal, le esperaban ingenieros y empleados de la compañía de ferrocarriles. El Papa les dijo que su presencia se debía a que deseaba participar en su fiesta y hacerse mensajero de la gratitud de todos los que viajan y se desplazan gracias a la red ferroviaria y a cuantos trabajan en ella.

Juan Pablo II evocó a los millones de personas que viajan en tren y hacen de sus vagones pequeños hogares, que saben de penas y alegrías, de felicidad y tragedias.

El Papa finalizó su homilía comparando el paso del hombre por este mundo con un viaje en tren. «Vuestra vida —dijo— me sugiere una reflexión. ¿No es acaso el continuo viajar la imagen de otro viaje que nos iguala a todos? ¿Acaso no es la vida del hombre sobre la tierra una vía, un recorrido, una trayectoria entre el punto de partida y el de llegada?» Y luego añadió: «Cada uno de nosotros es un viajero para quien, al igual que el nombre de la estación principal de Roma, es importante llegar felizmente al "término" de un recorrido, donde, según las palabras de san Pablo, recibirá la recompensa del Señor».

Estas palabras fueron el colofón de la Jornada Mundial del Ferroviario, el broche para recordarnos a todos que la vida puede ser un trayecto largo o corto, pero que debe conducir felizmente a una meta como es llegar al término de nuestra vida conservando la fe. Un «término» de vida que, al igual que la estación Termini de Roma, es el lugar donde salen, pasan o terminan todos los trenes que comunican el norte con el sur de Italia.

9

Atentado en San Pedro

*D*olor. Ira. Consternación. No hay palabras para describir el asombro que toda la Ciudad Eterna experimentó aquella tarde en la plaza de San Pedro. Eran las cinco y diecisiete minutos del 13 de mayo de 1981. Una fecha y una hora que entraron por segunda vez en la Historia, ya que la primera fue otro 13 de mayo a la misma hora, pero en 1917, cuando en el pueblecito portugués de Fátima la Virgen María se apareció a tres pastorcillos: Francisco, Jacinta y Lucía. A esta última era a quien la Blanca Señora transmitía los mensajes.

Aquel 13 de mayo de 1981 era miércoles, día de audiencia general. Miles de peregrinos abarrotaban la plaza de San Pedro. De pronto vimos correr a los policías y el jeep blanco del Papa regresó a toda velocidad al Arco de las Campanas por donde había salido minutos antes para saludar a los peregrinos. Vimos a Juan Pablo II desplomado en los brazos de su secretario, don Stanislaw, con una expresión de dolor en el rostro y la sotana manchada de sangre. Es verdad que habíamos oído unos tiros, pero en medio de los cantos, los vivas y los aplausos pensamos que se trataba del estallido de globos de algunos niños. ¡Cómo podíamos imaginar que habían disparado al Papa!

Desde la atalaya donde se encontraba la unidad de transmisión de Radio Vaticano, junto al Arco de las Campanas, el locutor, con la voz alterada, dio la escalofriante noticia: «El terrorismo ha entrado en la Ciudad del Vaticano. Han disparado al Papa». A partir de ese momento todo sucedió con una rapidez asombrosa. Por la Porta Sant'Anna, Nando Camelloni, el conductor de la ambulancia, tocaba el claxon desesperadamente, ya que la sirena estaba estropeada, para llevar a toda velocidad a Juan Pablo II a la policlínica Gemelli.

En la plaza la muchedumbre se sintió sacudida por el pánico. Se veían rostros cargados de angustia e incredulidad. «No es posible», sollozaban unas religiosas. Un sacerdote polaco que acompañaba a los peregrinos de su país subió hasta el sillón pontificio y dejó allí el cuadro de la Virgen de Czestochowa. De rodillas, empezó a rezar el rosario en latín, al que se unieron los peregrinos que llenaban la plaza. Por las calles de los alrededores, llegaba una multitud de personas que se quedaban en el lugar, rezando y llorando, a la espera de noticias sobre el estado del Papa.

En la sala de prensa, los periodistas transmitíamos los teletipos que constantemente recibíamos. Transcurrían las horas y el Papa continuaba en el quirófano. Su estado era crítico. La operación duró cinco horas y media. El cirujano Crucitti tuvo que extirparle cincuenta y cinco centímetros de intestino, y hubo un momento en que los médicos, ante la abundante pérdida de sangre, pensaron que el Santo Padre se moría. El médico personal del Papa, Renato Buzzonetti, cuenta así aquellas interminables horas: «Bajo mi consejo, monseñor Dziwisz impartió al Santo Padre —que había perdido ya el conocimiento— la unción de los enfermos y la absolución. Durante la operación fue necesario hacer una transfusión de 3.150 ml de sangre, que trajeron del hospital pediátrico Niño Jesús, donde desde 1979 tenían una reserva de sangre destinada para el Papa. Afortunadamente los disparos no habían alcanzado la aorta ni la médula».

Como corresponsal, yo informaba a Televisión Española minuto a minuto de lo que estaba sucediento, tratando de que las lágrimas no me empañaran los ojos, ni se me ahogara la voz. Poco a poco fueron llegando más detalles sobre lo sucedido. Nos comunicaron que los dos tiros que Juan Pablo II había recibido fueron disparados de una pistola Browning HP35, calibre 9. Las balas habían herido al Papa en el vientre, y también habían alcanzado, sin que peligrara su vida, a otras dos mujeres estadounidenses que se encontraban entre los peregrinos: Rose Hall y Anne Odre. Supimos, asimismo, que hasta perder el conocimiento Juan Pablo II no cesó de rezar e invocar a la Virgen.

Y, entretanto, el mundo entero se preguntaba quién había sido el agresor. La policía italiana había conseguido detener a un individuo, gracias a una monja franciscana, que sorprendentemente se llamaba Lucia (como la vidente de Fátima) Giudici. El homicida era un ciudadano turco, de nombre Ali Agca, condenado a muerte en su país por haber asesinado a tiros a un periodista del diario *Milliyet* de Estambul. Ya en 1979, durante el viaje del Papa a Turquía, Agca intentó sin éxito matar al Sumo Pontífice. El atentado en la plaza de San Pedro era claramente un complot perfectamente organizado por la Unión Soviética, que, a través de su brazo armado, Bulgaria, contrató al terrorista turco. Era el momento idóneo para acabar con el sindicato libre polaco Solidaridad, que estaba poniendo en peligro la estabilidad de la URSS. El líder del sindicato, Lech Walesa, se hallaba fuera de Polonia; el cardenal primado Wyszynski agonizaba en un hospital, por lo que la desaparición de la escena mundial de Juan Pablo II, personaje de gran carisma, garantizaba la supervivencia del imperio soviético.

La providencia puso a la hermana Lucia Giudici justo detrás de Agca. Al verle disparar, le agarró con valentía el brazo con el que empuñaba la pistola. El terrorista la empujó y la tiró al suelo para huir, por el lado derecho de la plaza, donde le esperaba un vehículo con sus cómplices. Fue un forcejeo que duró apenas unos instantes, pero los suficientes para que el *carabiniere* Piermaria Nati lograra detenerle.

Se cuenta que días después, ya en la cárcel, Ali Agca le preguntó a uno de los policías que «¡quién era esa Fátima que le había impedido matar al Papa!». Lo había oído en la plaza y, para un musulmán como él, ese nombre estaba asociado a la hija del profeta Mahoma. Poco tiempo después descubrió que «esa Fátima» era la «Blanca Señora», muy venerada en el santuario portugués de Fátima. En mayo de 1982, Juan Pablo II iría en peregrinación para agradecerle el haberle salvado la vida y dejará en su corona una de las balas del atentado.

10

Visita a la cárcel de Giudecca

En junio de 1985, Juan Pablo II hizo una visita pastoral a Venecia, la ciudad que durante mil años, hasta el siglo XVII, fue la más gloriosa república marinera. Y de donde, en los últimos años, habían salido dos patriarcas para entrar en un cónclave: Angelo Roncalli y Albino Luciani; ambos serían elegidos Papa. El primero con el nombre de Juan XXIII; y el cardenal Albino Luciani, como Juan Pablo I. El año 1985 no supuso, tampoco, la primera vez que la *Serenissima*, como se conoce a la ciudad, recibía a un Sumo Pontífice, aunque el anuncio de la visita del Papa polaco llenó de entusiasmo a los habitantes, que se dispusieron a recibirle con todos los honores.

Hay que decir que hasta los gondoleros se disputaban llevar al Papa, aun sabiendo que sería Albino dei Rossi, más conocido como Strigheta, de la estirpe más famosa de gondoleros venecianos, quien remaría a lo largo del Canal Grande llevando a Juan Pablo II a bordo de su barca. En la góndola de Gigio Strigheta ya habían navegado con anterioridad Juan XXIII y Pablo VI.

La visita pastoral tenía programados dos momentos muy especiales: uno de ellos era el encuentro con las reclusas de la cárcel de la Giudecca y celebrar la eucaristía en la capilla del penal. La prisión de mujeres de esta isla, la más grande de la laguna y la más cercana al centro histórico, es la única en Italia que ha destinado una zona especial para las detenidas que sean madres y que quieran tener con ellas a sus hijos menores de tres años. A pesar de esta concesión, son muy pocas las que viven con sus pequeños, porque la mayoría prefiere que sus hijos no estén encerrados entre muros. El edificio es un antiguo convento-monasterio con claustros, estancias amplísimas abovedadas, largos pasillos y una huerta donde las detenidas cultivan verduras, que vende una cooperativa que ayuda a las presas y trabaja a favor de su integración social. Hay también un laboratorio para fabricar cosméticos. Las cremas y los jabones de hierbas aromáticas de la Giudecca son de tan gran calidad que son adquiridos por los hoteles más lujosos de Venecia, entre otros.

Las celdas de esta cárcel acogen seis mujeres y cada habitáculo está provisto de servicios sanitarios, una pequeña cocina y televisión. Cuando las detenidas se enteraron de que el Papa pasaría una hora con ellas, limpiaron todo como hormiguitas hacendosas, pusieron jarrones de flores y colocaron en la entrada de la capilla una gran pancarta de bienvenida en la que habían escrito: PEDRO, TAMBIÉN DE ESTAS PIEDRAS ESTÁ HECHA TU IGLESIA. Una frase que era toda una reflexión. A la misa asistieron un centenar de reclusas, cuatro de ellas llevaron en brazos a sus pequeños, seis estaban condenadas por terrorismo y dos cumplían más de veinte años de pena. El Papa comenzó la homilía con un «Queridas hermanas». Reconoció «que no es fácil vivir vuestra situación con dignidad y paciencia. Los días se hacen interminables, y los meses y los años parece que no pasan nunca. Por ello, creedme, tened confianza recíproca, dialogad, abríos a la verdadera amistad y a la solidaridad». Fue una eucaristía emocionante en la que algunas presas escribieron ellas mismas las oraciones que se leyeron en alto. Una muchacha latinoamericana, detenida por tráfico de drogas, oró diciendo: «Somos personas alejadas de todos, señaladas con el dedo. Humilladas, condenadas a ser siempre las fracasadas, las fallidas, las náufragas. Señor Dios, escúchanos. Concede la paz a nuestros corazones».

Terminada la misa, el Santo Padre las consoló y, atentamente, escuchó la desesperación que desprendían las palabras de muchas de ellas. Varias le confesaron que su mayor temor era ser «las olvidadas», que no tenían ningún ser querido; estaban solas en este mundo. Una muchacha, de nombre Verónica, habló al Papa entre sollozos: «Sé que debo pagar porque he cometido un delito, pero a mi alrededor sólo encuentro un vacío inmenso». Otra le mostró los dibujos que le mandaba su hijo. «No sabe que su madre está en la cárcel y no quiero que lo sepa, pero echo en falta su amor; cada noche sueño que le acaricio y hasta siento su presencia. Por eso, santidad, el despertar es un sufrimiento.» Juan Pablo II abandonó la cárcel de la Giudecca pensativo y con una expresión de dolor en el rostro. En la embocadura del Gran Canal con el canal de la Giudecca le esperaba la góndola de los Doges, la Dogaressa, rodeada de otras decenas de barcas decoradas con banderas y guirnaldas doradas y rojas para escoltarle hasta el embarcadero de San Marcos. Cuando vieron llegar al Papa, todos alzaron los remos rindiéndole honores como los que rinden los *vogatores* de la laguna veneciana. Antes de embarcarse, Juan Pablo II miró la espléndida Basílica del Redentor, obra maestra de Andrea Palladio, sinfonía de mármoles y piedras. Seguramente en ese instante recordó esas otras «piedras olvidadas» que acababa de dejar y con las que también se edifica la Iglesia.

11

Cena en Goa (la India)

$\mathcal{E}$l primer día del año 1986, coincidiendo con la celebración de la Jornada Mundial de la Paz, Juan Pablo II celebró una solemne misa en la Basílica de San Pedro. Algo tradicional en este primero de enero, festividad de María Santísima. Faltaba un mes para que el Papa emprendiera un largo viaje-peregrinación a la India, una nación donde la Iglesia católica es una minoría; apenas el 2 por ciento de los setecientos cincuenta millones de habitantes que practican diferentes religiones y tienen innumerables divinidades.

A nadie extrañó que en un homenaje a la India, en la homilía del primer día del año, el Papa citara a Mahatma Gandhi, el profeta hindú, apóstol de la no violencia, asesinado por un fanático. Juan Pablo II recordó la célebre frase de Gandhi: «El odio sólo se puede vencer con el amor. Donde haya discordias, cada vez que nos encontremos ante un adversario, vencedle con el amor». Una señal de distensión y amistad hacia la nación que le iba a acoger en Nueva Delhi con exquisita cortesía. A su llegada, el gobierno incluso puso a disposición del Papa el coche del presidente con el chófer de máxima confianza; un hombretón ataviado con el turbante rojo de los sijs y un uniforme rematado con hilos de oro, y con el pecho cubierto de tantas medallas, que mi colega sevillano de la agencia EFE, Miguel Ángel Agea, lo describió con su gracejo andaluz: «Va vestido de paso de Semana Santa».

Al Papa le brindaron todos los honores y una recepción de las mil y una noches en el palacio del virrey de Su Graciosa Majestad la reina de Inglaterra. A lo largo de los once días en la India, temiendo un gesto de violencia de cualquier fanático que tanto abundan en ese país, las autoridades protegieron a Juan Pablo II con un cuerpo especial de veinte guardias vestidos de negro, a los que se conoce como «gatos negros».

En la capital, Nueva Delhi, lo primero que hizo el Santo Padre fue acercarse hasta la tumba de Gandhi. Allí se descalzó y depositó sobre la lápida una guirnalda de flores blancas y amarillas. En el mármol están esculpidos los siete pecados sociales según el gran Mahatma: «Política sin principios. Riqueza sin trabajo. Placer sin conciencia. Sabiduría sin carácter. Comercio sin moral. Ciencia sin humanidad. Culto sin sacrificio».

Nueva Delhi fue el punto de llegada y también el de partida para visitar otros lugares: Kochi, Shillong, el estado del Kerala —el más católico de la India—, Madrás, Mangalore, Calcuta y Goa. Es en esta antigua colonia portuguesa donde está enterrado el cuerpo de san Francisco Javier, en la Basílica del Buen

Jesús, en cuya puerta de entrada se ve el anagrama de los jesuitas (JHS).

En Goa ocurrió precisamente un episodio que recordaré toda la vida. El arzobispo destinó el interior del templo a sacerdotes, religiosos y laicos, dejando a las religiosas y a todas las mujeres en la explanada exterior. Una distribución evidentemente machista que no debió de agradar al Santo Padre. Aquella noche, como era habitual en los viajes internacionales, el Papa compartió la cena con el séquito que le acompañaba y de los cuales formaba parte Radio Vaticano.

En Goa, como en el resto de la India, la COPE se apoyaba en la radio del Papa, por lo que me instalé en el despacho del arzobispado desde donde se transmitía el programa. Cuando llegó Juan Pablo II del Buen Jesús, en la entrada del arzobispado le aguardaba un grupo de jóvenes para ofrecerle una serie de danzas locales, bailes con reminiscencia portuguesa, mezclados con música típicamente hindú. Junto al grupo de Radio Vaticano, asistí a este pequeño espectáculo. Al terminar regresé al estudio, ya que mis colegas subieron al comedor para la cena con el Papa. Estaba a punto de tomarme mi bocadillo cuando Arturo Mari, el fotógrafo del Sumo Pontífice, vino para decirme que yo también estaba invitada a esa cena.

Subí pues al comedor. El Papa presidía la mesa central junto al secretario de Estado, el cardenal Agostino Casaroli, el sustituto monseñor Eduardo Martínez Somalo y el arzobispo de Goa. Con una inclinación de cabeza saludé al Santo Padre y fui a sentarme a la mesa de mis colegas de Radio Vaticano. Observé que el Papa miraba, sonreía y hablaba con don Eduardo y pensé que seguramente comentaban que era la única mujer en el comedor. No podía imaginar que, terminados los postres, después de que el arzobispo de Goa dijese unas palabras, tomó la palabra Juan Pablo II con otro breve discurso. Manifestó su alegría por la cálida acogida que había recibido y añadió: «Estamos también muy contentos porque esta noche tenemos con nosotros a Paloma. Porque —prosiguió diciendo el Papa— la Iglesia no discrimina a las mujeres». Eso bastó para mostrar que, efectivamente, la división de mujeres y hombres que se había hecho en el encuentro de la Basílica de San Francisco Javier había disgustado al Papa. Éste aprovechó mi presencia para manifestar su desacuerdo de forma comedida y diplomática, propio de una persona que nunca dio puntada sin hilo. Cuando el Santo Padre se despidió de cada uno de los comensales y dejó la sala, el arzobispo de Goa se me acercó para decirme: «¡Qué lección me ha dado el Papa con usted!».

12

Domenico del Rio

Domenico del Rio era uno de los mejores vaticanistas; me atrevería a decir que el mejor sin duda, además de ser un maestro del periodismo, de gran rigor y profesionalidad y un compañero con el que siempre podías contar. Trabajaba para el diario italiano *La Repubblica* y era el enviado especial en los viajes del Papa, así como colaborador en infinidad de publicaciones internaciones. Con Mimmo, como le llamábamos, compartí numerosos viajes. Del Rio relataba con todo detalle el peregrinar de Juan Pablo II por los cinco continentes; describía su actitud con los pobres y los poderosos, y, en más de una ocasión, también manifestó su desacuerdo con el Papa o incluso criticó respetuosamente, eso sí. ¡Cuántas veces a lo largo de mi carrera me han preguntado si para ser un periodista, estudioso o experto en temas del Vaticano o de la Iglesia es imprescindible ser católico practicante! Y, en esas ocasiones, recordaba a Domenico del Rio, que reconoció siempre haber perdido la fe, no ser hombre de iglesia, no tanto agnóstico cuanto indiferente. Eso no impedía, sin embargo, que sus crónicas, reportajes y artículos sobre el pontificado de Juan Pablo II fueran muy apreciados y seguidos, incluso por el propio Santo Padre. Del Rio escribió numerosos libros sobre ese Papa llegado de un país del este; algunos junto con su colega y gran amigo Luigi Accattoli, prestigioso vaticanista del periódico *Corriere della Sera*.

Mimmo, que había nacido en Roma en 1926, estaba casado pero no tenía hijos, era casi veinte años mayor que Accattoli. Luigi, al que los amigos llamamos Gigi, es natural de Recanati, de la zona del mar Adriático. Al contrario de Domenico, era y es muy religioso, y se siente muy comprometido con la Iglesia. Perdió a su esposa poco después de que ésta diera a luz a su cuarto hijo. A priori, parecía imposible que el dúo Del Rio-Accattoli formaran un tándem tan compenetrado hasta el punto de haber escrito a cuatro manos un libro en el que analizan la personalidad de Karol Wojtyla. Luigi Accattoli cuenta y presenta lo que él llama «el pontificado misionero»; Domenico narra su historia como si fuera una película que titula «El grito de Wojtyla». Ese grito apasionado que el Papa lanzó en muchas ocasiones. La primera de ellas fue nada más pisar su patria, en junio de 1979: «Yo grito —dijo—.Yo, hijo de la tierra polaca. Yo, Juan Pablo II, grito desde lo más profundo de este milenio...».

Pero también lo hizo en el Perú de Sendero Luminoso, en Sotto il Monte (cuna de Juan XXIII), donde alzó su voz contra la ley italiana en favor del aborto; en Santa Cruz en Bolivia, citando al profeta Isaías: «Estoy aquí. Es el eterno grito de Dios que llama a la salvación definitiva del hombre, de los pueblos y de las naciones»; en la visita apostólica a Uruguay, donde dijo: «Yo, sucesor del apóstol Pedro en Roma, vuestro invitado, grito...»; en Brasil, Filipinas, Japón, África, Canadá...

Llamamientos, gritos que, según Del Rio, deberían despertar las conciencias y no dejar en paz al mundo, «hablando a los hombres de buena o de mala voluntad, para que no destruyan lo creado, para que cada hombre sea un hermano para el otro, para que el amor sea más fuerte que el odio». Para construir un mundo de paz y llevar ésta al corazón del hombre, Wojtyla no da tregua y retoma las palabras de Cristo: «No he venido a traer la paz sino la espada». La espada que apunta contra los ídolos del mundo, contra una humanidad que huye de Dios y de Cristo... «Por eso, como un nuevo Moisés, debe hacer que los hombres encuentren la Tierra Prometida, hacer que vuelvan a ser Pueblo de Dios.» Y prosigue Domenico: «Su ansia misionera es inmensa; sus itinerarios apostólicos, frenéticos; su grito de salvación es altísimo. Es el nuevo Moisés, cuya misión siente que es la de unir a la Iglesia, conducirla a través del siglo para introducirla, como una victoria de Cristo, en el tercer milenio». *Wojtyla: Il nuovo Mosè* es un libro bellísimo que invita a conocer mejor la figura de Juan Pablo II.

Un tumor acabó con la vida de Domenico en enero de 2003. Falleció en la policlínica Gemelli, el mismo hospital al que Juan Pablo II, por las muchas horas que tuvo que pasar allí hospitalizado hasta el final de sus días, llamaba «el Vaticano 2». Poco antes de morir, Luigi Accattoli, que le visitaba a menudo, le preguntó: «Mimmo, ¿quieres que le diga algo a alguien?».

Del Rio le respondió: «¡Al Papa! Me gustaría que supiera que le doy las gracias. Que le doy las gracias con humildad por su ayuda para creer. Tenía muchas dudas y dificultades para creer, y me ha ayudado muchísimo la fuerza de su fe. Viendo la fuerza con la que él creía, yo intentaba encontrar la mía. Sentía que me ayudaba cuando le veía rezar; cuando se ensimismaba en Dios y yo comprendía que ese vivir en Dios le protegía y le salvaba. He tratado de hacer lo mismo. Sigo teniendo dudas, pero ya no las temo. Es como si las hubiera metido dentro de un saco, ensimismándome también en Dios como aprendí del Papa. Por eso quiero agradecérselo, porque de nadie, como de la fe del papa Juan Pablo, he recibido tanta ayuda».

Mimmo, inolvidable colega de profesión y amigo. Gracias por estas palabras y por muchas otras cosas. Déjame ofrecerte este pequeño recuerdo y agradecerte con él lo mucho que me enseñaste.

13

Viaje de Juan Pablo II
a las islas Salomón

$\mathcal{E}$n su viaje a Papúa Nueva Guinea en mayo de 1984, Juan Pablo II se acercó también en visita misionera y pastoral a las islas Salomón, en concreto a Guadalcanal, famosa por el papel que desempeñó durante la Segunda Guerra Mundial. Allí se produjo la batalla naval que supuso la reconquista del Pacífico por parte de la marina estadounidense. Una batalla durísima que tiñó de rojo, con la sangre de los japoneses y los estadounidenses, las aguas del río Honiara que cruza la capital de este archipiélago, cuyo nombre está inspirado en el gran rey de Israel.

Las islas Salomón es uno de los estados más pobres del mundo. De un listado de 186 países, las islas de la Papuasia ocupan el puesto 142 en cuanto a pobreza. Resulta paradójico que en 1567 los exploradores españoles las bautizaran con el nombre del rey Salomón, convencidos de encontrar en ellas los yacimientos de oro del rico soberano de la Biblia.

Cuando el Papa bajó la escalerilla del avión, en la pista de aterrizaje del aeropuerto de Honiara, apareció un guerrero que empuñaba una lanza. Se fue acercando al Santo Padre sin que nadie se lo impidiera. Se detuvo a pocos centímetros de Juan Pablo II con aspecto amenazador. En medio del silencio y de la angustiosa sorpresa de cuantos acompañábamos a Su Santidad, de pronto oímos un lúgubre e interminable sonido que procedía de dos caracolas marinas tocadas por dos nativos. Al instante, las personas que se encontraban en la explanada comenzaron a danzar al ritmo melodioso de las caracolas, mientras el temible guerrero transformó su gesto intimidatorio en una jubilosa bienvenida. Era la forma tradicional, y curiosa, de demostrar la alegría por la llegada a la isla del gran jefe religioso, al que esperaban con ansia los cien mil católicos de los quinientos mil habitantes de las 992 islas del archipiélago, la mayoría deshabitadas ya que la población se concentra principalmente en la capital.

En el estadio de Honiara, el Papa celebró la misa y consagró solemnemente la nación a la protección de la Virgen. El gobernador general, sir Baddeley Devesi, que representaba a la reina Isabel II, puesto que el archipiélago forma parte de la Commonwealth of Nations, aprovechó la visita del ilustre huésped para denunciar al mundo los residuos nucleares que algunas naciones arrojaban en las aguas del Pacífico. (Contaminan este extraordinario enclave con los barcos que transportan los residuos tóxicos, así como los experimentos que los franceses han llevado a cabo con las bombas atómicas en el atolón de Mururoa.) Pero Devesi hizo su denuncia durante la misa con un improcedente discurso político, y, ante el estupor de los presentes, anunció también la voluntad de su gobierno de entablar relaciones diplomáticas con la Santa Sede. Propuso al Papa presentar ese mismo día las credenciales al jefe del Estado de las islas Salomón. Ni qué decir tiene que, tras el discurso del gobernador, Juan Pablo II no hizo referencia alguna a la petición diplomática. En cambio, sí tuvo palabras de elogio para la labor evangelizadora durante tantos años de los misioneros en las islas. «Vuestros misioneros —dijo el Papa— continúan trabajando en estrecha unión con la población indígena de este país. Dedican sus vidas a esta labor, intentando construir una comunidad de creyentes en la fe, en la esperanza y en la caridad.» La celebración acabó con un cántico coral de agradecimiento en el que se evocó de manera especial la protección de María, la madre de Dios. Fue una celebración eucarística a la que asistieron numerosos feligreses llegados de los rincones más alejados de las islas, y que, dicho sea de paso, tuvieron más suerte que algunos periodistas, a los que se les negó el visado de entrada y se vieron obligados a informar, desde la distancia, sobre aquel encuentro. El primer ministro Mamaloni sólo autorizó a permanecer en Honiara, durante la visita del Santo Padre, a los periodistas que viajábamos en el avión papal.

La misa tuvo el colorido y exotismo de los atuendos y las costumbres de los nativos de las islas Salomón. La mayoría de las mujeres lucían faldas hechas con tiras de cáñamo y llevaban el resto del cuerpo completamente desnudo, embadurnado con una sustancia vegetal de color amarillo. Durante el ofertorio, bailaron una danza tribal mientras se acercaban al altar con las ofrendas, algunas tan poco usuales como unos cerdos vivos. Un misionero estadounidense que acompañaba a un reducido grupo de sus feligreses asistió a la liturgia con las mujeres de su poblado semidesnudas y con los hombres que llevaban una cuerda en la cintura de la que pendía una cesta, hecha de mimbre —que recordaba a la red del palo que se utiliza en el juego del lacrosse—, para proteger sus partes más íntimas.

Al darse cuenta de que les observábamos con extrañeza, el misionero nos explicó que le había sido imposible que sus feligreses se ataviaran de una manera más discreta, o al menos más púdica en el sentido occidental. Nos contó, incluso, que había escrito a su familia y a su antigua parroquia en Estados Unidos pidiéndoles ropa interior para las mujeres de la isla. Sus compatriotas habían enviado paquetes de sujetadores y de slips monísimos y de todos los colores y medidas. Cuando los repartió entre las gentes del poblado, descubrió que a los hombres les había encantado la lencería y, por raro que parezca, habían sido ellos, porque las mujeres allí no tienen ni voz ni voto, quienes habían decidido quedarse con todo. Dejaron a un lado los slips en vista de que les resultaba imposible usarlos; en cambio, sí ataron los sujetadores a la cesta que cubría sus parte pudendas, como si fueran banderines. El misionero desistió en su intento de adecentar su *look* y, finalmente, fueron a la misa del Papa ataviados tal como acudían a la capilla de la misión.

Después de la misa, y antes de regresar a Port Moresby, Juan Pablo II fue a visitar la cárcel de Guadalcanal. Recordó a los presos las palabras de Jesucristo: «Estuve en la cárcel y me visitaron».

14

¿Era Juan Pablo II
un político?

Me he detenido, ilustres gobernantes, parlamentarios y políticos, a reflexionar sobre el sentido y sobre el valor de la Ley divina, porque éste es un argumento que os toca de cerca. ¿Acaso vuestra tarea cotidiana no es la de elaborar leyes justas y lograr que se aprueben y se apliquen? Al hacerlo, estáis convencidos de rendir un importante servicio al hombre, a la sociedad, a la libertad misma. Y, en efecto, la ley humana, si es justa, no está nunca contra, sino al servicio de la libertad. Esto ya lo había intuido el sabio pagano, Cicerón, cuando sentenciaba: «Legum servi sumus, ut liberi esse possimus» (Somos siervos de la ley, para poder ser libres) (Cic., De legibus, II,13).

C on estas palabras se dirigió a los más de cuarenta mil hombres, políticos todos, de los cinco continentes, algunos llegados incluso de naciones musulmanas como Túnez e Irán.

Se habían congregado en la plaza de San Pedro el 5 de noviembre de Año Santo de 2000, para asistir ese año santo al Jubileo de los gobernantes, parlamentarios y políticos. El Papa les recordó el deber moral que tienen quienes gobiernan los pueblos o administran las leyes en pro del bien común y de la paz. A todos ellos, les planteó lo siguiente: «¿De qué manera y hasta qué punto, en vuestro delicado y comprometido servicio al Estado y a los ciudadanos, dais cumplimiento del mandamiento de amar al prójimo como a sí mismo?».

Dos años después de aquel Jubileo, en 2002, primer aniversario del terrible atentado contra las Torres Gemelas de Nueva York, el Papa volvió a hablar de perdón, de justicia, y se dirigió a la humanidad evocando los episodios dramáticos y las páginas que han cubierto de sangre la historia contemporánea:

Lo que ha ocurrido recientemente, con los hechos sangrientos que acabamos de recordar, me ha impulsado a continuar una reflexión que brota a menudo de lo más hondo de mi corazón, al rememorar acontecimientos históricos que han marcado mi vida, especialmente en los años de mi juventud. Los indecibles sufrimientos de los pueblos y de las personas, entre ellas no pocos amigos y conocidos míos, causados por los totalitarismos nazi y comunista, siempre me han afectado de manera muy íntima y animado mi oración. Muchas veces me he detenido a pensar sobre esta pregunta: ¿cuál es el camino que conduce al pleno restablecimiento del orden moral y social, violado tan bárbaramente? La convicción a la que he llegado, razonando y confrontándome con la Revelación bíblica, es que no se restablece completamente el orden quebrantado si no es conjugando entre sí la justicia y el perdón. Los pilares de la paz verdadera son la justicia y esa forma particular del amor que es el perdón.

En las audiencias, homilías y discursos, Juan Pablo II repetía sin cesar que «la guerra es una derrota de la humanidad, una espiral sin retorno».

A pesar de esas hermosas palabras, los conflictos bélicos, las acciones terroristas y demás barbaries proseguían a lo largo y ancho del planeta, sobre todo en la guerra de Irak. En el año 2003, cuando el mundo seguía con horror y angustia los dramáticos acontecimientos en Irak, Juan Pablo II, para evitar esa espiral de violencia, trató de abrir una ventana a la paz. Recibió en audiencia al primer ministro británico, Tony Blair; al presidente del gobierno español, José María Aznar; y al viceprimer ministro iraquí, Tariq Aziz. Tanto Aznar como Blair salieron de aquel encuentro con gesto preocupado y sombrío. El Papa envió a la Casa Blanca al cardenal Pio Laghi, en calidad de su emisario, sabiendo la amistad que unía a éste con el presidente Bush desde los años en los que Su Eminencia era nuncio apostólico en Estados Unidos. Envió también al cardenal francés Roger Etchegaray, uno de los más hábiles diplomáticos de la curia, a Bagdad con una carta personal para que se la entregara en mano al presidente iraquí Sadam Husein. El viaje del cardenal Etchegaray fue seguido con extraordinario interés y también con el alma en vilo ante el peligro de que estallara un conflicto bélico de imprevisibles y terribles consecuencias. En el aeropuerto iraquí, al preguntarle a monseñor Etchegaray sobre su viaje y la estrategia diplomática que pensaba poner en práctica, se limitó a contestar que llegaba a Bagdad para testimoniar hasta qué punto el papa Juan Pablo II intentaba aprovechar cualquier oportunidad en favor de la paz que, en esos momentos, estaba muy amenazada. «En el nombre del Papa, vengo a animar a las autoridades iraquíes a que intensifiquen su colaboración con los inspectores de la ONU, colaboración que debe fundarse en la justicia y en el derecho internacional.» No era la primera vez que Juan Pablo II movía piezas para imponer un poco de cordura y paz entre las diferentes naciones. Sentía, sin embargo, que en esta ocasión era necesario hacer algo excepcional para frenar un horror que se demostraría un pozo de incalculables sufrimientos, de caídos en combate, de víctimas inocentes, sobre todo niños...

A partir de ese momento, Juan Pablo II no volvió a mencionar la guerra. Habló, rezó y se preocupó por el dolor de la población.

En aquellas circunstancias, un periodista estadounidense criticó las intervenciones y llamamientos de Juan Pablo II, acusándole abiertamente de actuar como si fuera un líder político más que religioso. Debo reconocer que este periodista, partidario de la línea intervencionista del presidente Bush, tenía razón. Sin embargo, deseo matizar sus palabras porque:

Si defender al hombre es hacer política, Juan Pablo II era un político.

Si combatir las injusticias sociales es hacer política, Juan Pablo II era un político.

Si luchar contra la guerra a favor de la paz es hacer política, Juan Pablo II era un político.

Si levantar la voz para denunciar la discriminación racial y religiosa es hacer política, Juan Pablo II era un político.

Pero era un político de Dios.

15

Japón y policías con raqueta

Si Filipinas fue para el Papa la tierra de las grandes concentraciones, de una multitud que le aclamó con una religiosidad ingenua, pero devota, Japón quedará como la nación donde Juan Pablo II pronunció grandes discursos.

Llegamos a Tokio en febrero de 1981, bajo una gran lluvia y un frío intenso. Como el Papa no iba como jefe de Estado, sino como invitado de la Conferencia Episcopal, la bienvenida no tuvo carácter oficial. Rápidamente, del aeropuerto de Haneda, Juan Pablo II se trasladó a la catedral de Tokio. Al pasar por las calles, muchos ciudadanos se asomaron a las ventanas, todos provistos de máquinas fotográficas. Yo misma padecí ese hobby japonés de hacer innumerables fotos. Fui una de las personas que acompañaban al Papa más retratada. No comprendían cómo con una temperatura de un grado bajo cero y además lloviendo yo llevara un abrigo y sandalias abiertas. No podían saber, y menos imaginar, que veníamos de la isla tropical de Guam y que mis botas y las medias se habían quedado dentro de la maleta facturada. En aquella situación, y con los pies empapados, comenzó mi aventura personal en tierras japonesas, donde conseguí despertar la hilaridad de la gente que, como poco, me definió como una «occidental excéntrica».

En Tokio, el número de católicos era el mismo que el de los taxis —cuarenta mil católicos y taxis, es decir, tocaban a taxi por católico—, mientras que el 94 por ciento de los 116 millones de habitantes eran sintoístas o budistas. La prensa cubrió la noticia de la llegada, que apareció en las páginas interiores de los periódicos, y la televisión se limitó a comentarla brevemente en el telediario. Los sintoístas se manifestaron contra la visita tras anunciarse que el Papa visitaría al emperador Hirohito. Al ser éste descendiente directo de los dioses no podía recibir al líder religioso de una minoría y que, además, no venía en calidad de jefe de Estado. El emperador no sólo recibió a Su Santidad, sino que lo hizo con todos los honores. Los más críticos dieron a los periodistas un montón de panfletos contra el Papa, y amenazaban con una concentración masiva delante del palacio imperial. Para evitarla, la policía intensificó la vigilancia y en primera línea dispuso un cordón de hombres y mujeres impecablemente uniformados; llevaban en la mano una raqueta parecida a las de tenis, y algunos incluso dos. Creímos que sería una costumbre nipona y le preguntamos al guía que nos acompañaba si iban a jugar al ping-pong después de que pasara el Papa o bien venían de practicar. Sonrió con aire comprensivo y nos explicó que se trataba del cuerpo especial de antimanifestaciones, expertos en parar con las raquetas los objetos y los huevos podridos que los manifestantes japoneses suelen lanzar en señal de protesta.

El encuentro con el emperador Hirohito —quien llegó a reinar sesenta y tres años— fue impresionante. Aguardaba de pie, en la puerta de su palacio, para dar la bienvenida a Juan Pablo II y luego lo acompañó a la Sala de los Bambúes y de las Mariposas, la más importante de la residencia imperial. Se preveía que el exquisito protocolo reservado a las más altas autoridades durase pocos minutos, pero el encuentro se alargó mucho más de lo esperado.

El portavoz oficial de la casa imperial, con gran cortesía, no refirió nada sobre la conversación que habían mantenido, ya que «lo que dice un dios pertenece sólo a un dios». Afortunadamente, el portavoz vaticano, el padre Romeo Panciroli, nos explicó que el emperador había agradecido al Papa la ayuda que el pueblo japonés había recibido de los católicos durante la guerra y que le había dado calurosamente las gracias por las obras de asistencia y culturales que llevaba a cabo la Iglesia en Japón. Es importante recordar que el Colegio Internacional del Sagrado Corazón es el más prominente de la capital (en él ha estudiado, por ejemplo, la actual emperatriz) y la Universidad Sofía, fundada por los jesuitas, es una de las más prestigiosas.

En el estadio de Budokan aquella misma tarde, Juan Pablo II tuvo un encuentro con la juventud. Muchos de estos jóvenes no católicos acudieron atraídos por la personalidad y el carisma del Sumo Pontífice. Fue un encuentro salpicado de canciones y música rock, y centrado en tres temas: paz, esperanza y amor.

El Papa ofreció a estos jóvenes, hijos de una nación económicamente fuerte y donde el paro era inexistente, un objetivo al que dedicar su vida. Les habló de la globalización de la solidaridad, les instó a ocuparse del enfermo, del más necesitado, de llenar su vida con el «ser» más que con el «tener». También les confió sus aficiones deportivas y reconoció que, aunque prefería la música clásica, también le gustaban las canciones de Louis Armstrong.

Al día siguiente el Papa dejó Tokio para dirigirse a Hiroshima y a Nagasaki, las dos ciudades que han sufrido, de forma más devastadora, las consecuencias de la Segunda Guerra Mundial. Dos nombres que todavía suscitan un estremecimiento de horror.

En Hiroshima, Juan Pablo II pronunció su discurso junto al monumento erigido en memoria de las víctimas de la bomba atómica. En ese lugar que los japoneses, en un deseo de mirar al futuro, han llamado Parque de la Paz, hay actualmente una piedra con la inscripción: «Descansad en paz pues el error jamás se repetirá».

Para que este horror no volviese a repetirse, Karol Wojtyla pronunció su gran discurso de paz: «Quiero hacer, desde este lugar que es símbolo de horror y destrucción, un llamamiento a la paz y a la vida, a la humanidad y al futuro. Un llamamiento a los hombres de conciencia y de cultura para crear un mundo más justo, a la medida del hombre».

El Papa hizo su discurso en ocho lenguas: japonés, polaco, francés, inglés, alemán, español, portugués, italiano y, por vez primera, en chino y ruso. «La guerra —dijo— es una invención del hombre; es destrucción, es muerte. Nunca esta verdad se hace tan evidente como cuando se proclama desde esta ciudad, nunca su vigor y su fuerza se han hecho tan patentes como lo son hoy, incluso para mí ante todos vosotros.» Condenó la carrera armamentística y las pruebas nucleares, refiriéndose, de forma implícita, a los gobiernos que las llevaban a cabo. Hizo un llamamiento también a los jefes de Estado y de buena voluntad, pidiéndoles su firme compromiso para alcanzar la paz a través de la justicia, para sustituir la violencia y el odio por la comprensión y la fraternidad. En un silencio sobrecogedor, el Papa continuó diciendo: «Que no se repita jamás lo sucedido, que no se vuelva a recurrir a la guerra. Que la humanidad no sufra el terrorífico precio de una lucha entre sistemas de poder». Y concluyó con una de las más hermosas plegarias en favor de la paz: «Señor, Dios, escucha mi voz que es la de las víctimas de todas las guerras y violencias; la de los niños inocentes que sufrieron y sufren. Mi voz habla en nombre de las multitudes que no quieren la guerra. Ayúdanos a responder con amor al odio, a la injusticia con una total dedicación a la justicia, a la guerra con la paz...».

El discurso de Karol Wojtyla se transmitió en directo a toda la nación y se hicieron eco de él todos los periódicos del país, que cuentan con tiradas gigantescas de hasta diez millones de ejemplares diarios, en primera página y con grandes titulares.

El Papa habló, como he dicho anteriormente, en el punto exacto donde el 6 de agosto de 1945 un hongo de fuego y gases radiactivos de cien metros de diámetro alcanzó los treinta mil grados de calor.

Hiroshima quedó borrada del mapa en pocos minutos. Hombres, mujeres, ancianos y niños quedaron atrapados en el interior de la monstruosa trampa nuclear. En pocas horas y durante los días siguientes a la explosión, murieron setenta y cinco mil personas; ciento cuarenta mil más fallecieron antes de que transcurriese un año. Muchas de ellas murieron entre terribles sufrimientos que la medicina apenas alcanzaba a mitigar. Las radiaciones han seguido cobrándose vidas a lo largo de los años, y la cifra de las víctimas ha llegado al cuarto de millón.

Terminado el discurso, el Papa depositó una corona de flores en el monumento a los caídos. Antes de continuar su viaje a Nagasaki, la segunda ciudad mártir del holocausto japonés, Juan Pablo II visitó el Museo Memorial de la Paz, que se encuentra a pocos metros del Parque de la Paz, junto a un edificio de hierros quemados y retorcidos, que permanece ahí como el símbolo de la tragedia nuclear. En este museo, en memoria de aquel 6 de agosto se exponen todo tipo de fotos, objetos...

En Nagasaki, la ciudad más católica de Japón, la bomba atómica se cobró setenta y tres mil víctimas, la tercera parte de sus habitantes.

Hacía más frío que en Hiroshima y nevaba copiosamente. En el estadio de Matsuyama se celebró la ceremonia que supuso el broche de oro del viaje de Juan Pablo II a Japón. El Papa estaba, como todos, aterido: los dos grados bajo cero y la ventisca de nieve azotaba los rostros de los allí presentes, pero todos soportaron con fervor las tres horas que duró la eucaristía.

Setenta y siete catecúmenos recibieron el sacramento del bautismo y de la confirmación, en el mismo lugar en el que, el 5 de febrero de 1597, veintiséis mártires fueron crucificados por defender su fe. Son los llamados «mártires de Nagasaki».

16

El Papa y Sandro Pertini

A Juan Pablo II y al que fuera presidente de la República italiana desde 1978 hasta 1985, Sandro Pertini, les unía el cariño que ambos sentían por sus madres. Karol Wojtyla encontró en la Virgen la protección, la ternura y ese amor materno que le faltó con apenas nueve años. Sandro Pertini, durante el almuerzo con los corresponsales españoles en el palacio del Quirinal, y en el que tuve el privilegio de estar sentada a su derecha, me confió que, a pesar de querer a su madre con locura, le provocó un gran dolor, pues él carecía de fe. Su madre era una mujer muy religiosa, y toda su vida rezó para que Dios se la concediera. «Soy agnóstico y eso *alla mia mamma* la hacía sufrir. Pero estoy seguro —me comentó— de que ella estará muy contenta sabiendo que su hijo es muy amigo del Papa.» La amistad entre el Sumo Pontífice llegado de un país del Este y el anciano militante socialista era profunda.

Pertini admiraba, sobre todo, la fuerza, la espiritualidad y el carisma de Juan Pablo II. El primer año de su pontificado, el Papa se fue unos días a esquiar a los Alpes, a las montañas de

Adamello, que tanto le recordaban los montes de Tatra. Pertini se presentó de forma inesperada para saludarle. Al ver esquiar al Santo Padre, no pudo menos que manifestar su admiración y asombro diciéndole: «Santidad, ¡qué bien esquía! Parece una *farfalla* (una mariposa)». Nunca comprendimos por qué el hecho de ver al Papa deslizarse sobre la nieve podía evocar al jefe de la República italiana el vuelo de una mariposa.

Durante la hospitalización del Papa en la policlínica Gemelli, después del atentado en 1981, Sandro Pertini fue numerosas veces a visitarlo, y llamaba diariamente a los médicos para informarse del estado del Sumo Pontífice. Siguió después con preocupación la gravísima infección que el Papa contrajo, probablemente en el mismo hospital, provocada por el citomegalovirus; un virus que, según los médicos, puso en mayor peligro la vida de Juan Pablo II que el propio atentado.

Con el pasar de los años, la estima, el afecto y el respeto recíproco entre «el viejo» presidente y «el joven Papa» se reforzó. Se manifestó con mayor intensidad cuando Pertini enfermó, fue hospitalizado y sintió que las fuerzas y la vida le estaban abandonando.

Un día, internado en la policlínica Umberto I de Roma, el presidente pidió a los médicos que le atendían que avisaran «a su amigo el Papa». Inmediatamente llamaron al Vaticano para hablar con el secretario, monseñor Dziwisz, para hacerle llegar el deseo del presidente.

En cuanto le informaron, el Papa decidió ir a visitarle al hospital. Ahora era él quien deseaba saber por boca de los facultativos el estado real del ilustre paciente.

Lo que ocurrió en la clínica lo supe hace poco tiempo. Me lo contó el fotógrafo personal del Santo Padre, Arturo Mari, la discreción hecha persona. Durante los veintisiete años y medio del pontificado de Juan Pablo II, Arturo fue la sombra silenciosa del Papa, y ha esperado a que éste falleciera para contar a unos pocos amigos aquella visita papal al hospital. Fue testigo mudo de un episodio que ha guardado celosamente en su corazón hasta que los tres protagonistas dejaron este mundo.

Aquel día, junto con el jefe de seguridad, Camillo Cibin, y don Stanislaw, Mari acompañó al Santo Padre al hospital. Los médicos le esperaban para acompañarle a la habitación del presidente, donde se encontraba su esposa, Carla Voltolina, quien no se separó ni un momento de su lado. Doña Carla había sido periodista política, especialista en información parlamentaria, hasta que su esposo fue elegido presidente de la Cámara de los Diputados. Era una mujer de carácter muy duro, intransigente, alérgica a las fiestas y a las recepciones mundanas y, sobre todo, poco amiga de la Iglesia. Al llegar el Santo Padre, salió de la habitación del enfermo para agradecerle la visita, pero se mostró inflexible y le advirtió que no permitía la entrada de nadie, ni siquiera del Papa. Al escuchar sus palabras, todos los presentes se quedaron petrificados menos Juan Pablo II. Uno de los médicos se atrevió incluso a decirle a la señora que había sido el propio presidente quien había pedido que avisaran a Su Santidad. «No digo que no —respondió doña Carla—, y agradezco al Papa su interés y la visita, pero no considero oportuno que entre en la habitación de mi marido.» Juan Pablo II preguntó entonces a la señora Pertini si le permitía quedarse fuera del cuarto. Carla Voltolina, fría como un témpano, le respondió: «Por supuesto, santidad, fuera, ¡desde luego!».

Juan Pablo II le dio las gracias y pidió que le trajeran una silla. La colocaron a un lado de la puerta de la habitación. El Papa rezó el rosario y, al terminar, se despidió de los médicos y regresó al Vaticano. Tan sólo hizo un breve comentario: «El presidente Pertini sabrá que he ido a visitarle». Pertini murió finalmente el 24 de febrero de 1990.

Juan Pablo II dio aquella tarde una lección de amor y amistad, porque tal y como se lee en la placa del hospital San Giacomo, el más antiguo de Roma y actualmente cerrado, el famoso médico italiano Augusto Murri aconsejaba: «Si se puede curar, curar; si no se puede curar, aliviar; si no se puede aliviar, consolar; en cualquier caso, amar».

17

El Papa en Brasil

*H*ay anécdotas, episodios y vivencias en los viajes del Papa que quedan grabadas en el recuerdo; se mantienen imborrables en la memoria. Dos de esos instantes tuvieron como escenario Brasil, esa nación grande como un continente, donde el 65 por ciento de los más de ciento noventa millones de habitantes tiene menos de veinticinco años y donde las desigualdades sociales son enormes; un contraste desmedido entre riqueza y miseria, progreso e incultura que hace que el equilibrio social sea siempre precario, que los conflictos estén perennemente latentes. Juan Pablo II estuvo dos veces en Brasil.

En su primer viaje, en 1980, recorrió trece ciudades, y si hablamos de kilómetros cuadrados, ese país es, en tamaño, dieciséis veces España. Es decir, que aquélla fue una maratón apostólica que terminó en Manaos, en el norte, en pleno Amazonas. Esta ciudad no es tan grande como São Paulo, Río o Bahía con su ambiente bullicioso y su población mulata, pero en ella se concentran dos millones de habitantes. Si bien hoy Manaos no posee la riqueza por la que siempre había sido famosa, proveniente de la industria del caucho, sigue siendo un destino muy atractivo, entre otras razones por la confluencia de los dos ríos, el Negro y el Solimões, donde se mezclan las aguas de color cobre del primero con las doradas del segundo, antes de desembocar en el imponente Amazonas; ese río que parece un mar y que recoge en sus aguas nada menos que mil cien afluentes.

La mañana de la llegada del Papa, a la espera de verle navegar a bordo del barco *Pedro Teixeira*, las aguas de los dos ríos estaban salpicadas de barquitas de indígenas y pescadores, adornadas con banderitas vaticanas, que hacían de escolta al buque de la marina militar brasileña. El cielo estaba surcado de helicópteros de vigilancia que se disputaban el territorio azul con cientos de pájaros multicolores. El ruido de los motores se mezclaba con el canto de las aves. Al terminar la breve travesía, en la plaza Sufrana, el Papa iba a celebrar la misa de despedida. Hacía un calor agobiante y, a pesar de ello, la gente aguardaba la llegada del Santo Padre desde la madrugada. El sector asignado a la prensa se hallaba muy cerca del altar, y allí nos dirigimos al bajar del barco. A pocos metros de nuestra zona se encontraba una madre que llevaba en sus brazos a una pequeña de unos cuatro años; era una mulatita preciosa con el pelo rizado como una muñeca. Me llamaron la atención también porque pensé en

la suerte que habían tenido al conseguir ese lugar tan privilegia-
do. La mujer no tardó mucho en contarme que esperaba desde
hacía cinco horas, pero que había valido la pena pues, estando
allí, el Papa podría bendecir a su niña. Al ver mi tarjeta de iden-
tificación como «comitiva do Papa», me pidió que la ayudara a
conseguirlo. Le prometí que entre todos los compañeros trata-
ríamos de acercar la niña a Su Santidad.

Cuando Juan Pablo II estaba a punto de llegar, vino un policía y, al ver a la señora, la echó de allí sin miramientos. «¡Este
lugar es sólo para los periodistas del vuelo papal!» La madre me
miró desolada y me imploró, sollozando, que le ayudara a conseguir su deseo. Cogí en brazos a la *menina* y, cuando pasó el
papamóvil, entre todos le fuimos acercando a la niña. «Com-
mendatore Cibin —le grité al jefe de la seguridad de la Ciudad
del Vaticano, el ángel de la guarda de Juan Pablo II—, *per fa-
vore, prenda la bambina!*» (coja a la niña). Y así fue como la pequeña llegó a los brazos del Papa, quien la bendijo y le besó los
ojos. Fueron unos instantes brevísimos, pero cargados de una
enorme ternura. Cuando me devolvieron a la niña, me fui en
busca de su madre que, desde lejos, había visto lo ocurrido. A su
hija la había bendecido el Papa, estaba feliz. Fue entonces cuando la pequeña le preguntó a su madre: «*Mamá, como é o Papa?
É bonito?*». ¡La niña era ciega! No me había dado cuenta. Ninguno de nosotros lo había advertido. Sin embargo, en los instantes en que la tuvo en sus brazos, Juan Pablo II supo que los
ojos de la pequeña no tenían luz. Por eso, después de bendecirla, se los besó con infinito cariño.

Manaos está vinculado con otro momento muy especial: el encuentro que el Santo Padre tuvo con una representación de indígenas de las veintiséis tribus de la selva amazónica, entre los que se incluían nativos de los barés, los banibas y los passés.

El indio guaraní Marcel de Souza fue el encargado de saludar y dar la bienvenida al Papa en nombre de estos pueblos, a los que la civilización, el egoísmo y la prepotencia de los «poderosos» han ido, a lo largo de los siglos, exterminando. «Santo Padre, habríamos querido recibirte con nuestras danzas y cantos, pero no podemos porque llevamos el luto en nuestro corazón.» Con palabras muy sencillas, De Souza fue exponiendo al Santo Padre el drama de sus gentes. En el siglo XVI, había tres millones de indígenas; en la actualidad, apenas llegaban a ciento cincuenta mil. Los indios del Amazonas sufren un verdadero genocidio. «Brasil, Santo Padre, no fue descubierto; ¡Brasil fue tomado! ¡Un país tan grande y tan pequeño para nosotros! Hoy no podemos mostrar alegría, sino nuestro dolor.»

Juan Pablo II hizo un vibrante llamamiento para que se pusiera fin al exterminio de estos primeros pobladores de la rica nación; que se les respetara la propiedad de sus tierras; que se les concediera el derecho de habitarlas en paz y serenidad, sin el temor constante de ser arrojados de allí por la fuerza o acabar asesinados. Alzó su voz para que los indios pudieran disfrutar de un espacio vital que no sólo garantizara su supervivencia, sino que además contribuyese a mantener su identidad como grupo humano.

Años más tarde, cuando el Papa volvió a Brasil en octubre de 1991 un grupo de indios le aguardaba en Río para darle la bienvenida. Entre éstos se encontraba la hija de De Souza, quien dijo a Juan Pablo II que los ricos *fazendeiros* habían asesinado a su padre.

18

Juan Pablo II y la familia

La salvaguardia y la defensa de la familia fue siempre uno de los pilares del pontificado de Juan Pablo II, tal vez porque perdió a su madre siendo niño, y poco después a su hermano, Edmund, catorce años mayor que él. Éste era médico y trabajaba en el hospital municipal de Bielsko, donde un enfermo le contagió la escarlatina que le llevó a la tumba.

Habían transcurrido únicamente tres años desde la muerte de la madre cuando falleció Edmund. Si la pérdida de su progenitora supuso para el pequeño Karol un verdadero trauma, no lo fue menos la de su único hermano. Se quedó solo con su padre, no tuvo más familia que este último. Los dos encontraron consuelo en la fe.

De aquellos años, cuántas veces contó Karol Wojtyla que al levantarse por la noche encontraba a su padre de rodillas, rezando delante de una imagen de la Virgen, junto a la foto de su esposa y del hijo perdido tan prematuramente.

Puede que, en lo más íntimo de su alma, Karol añorase un núcleo íntimo y familiar con el que compartir alegrías y penas.

Es posible también que volcara esas carencias y deseos en las familias de la diócesis cuando le nombraron párroco de la iglesia San Florián, ubicada a las afueras de Cracovia; y, después, como obispo auxiliar y cardenal de esta última, llamada la ciudad del castillo de Wawel.

Quizá también por ello, tras ser elegido Papa, convocó un sínodo de obispos para abordar el tema de la familia cristiana que concluyó con la exhortación apostólica *Familiaris Consortio*. En este documento pedía «al episcopado, al clero y a los fieles de toda la Iglesia proteger a la familia de los males que la acechan para que pueda superarlos». Y recordaba «que es necesario que las familias de nuestro tiempo se remonten muy alto y sigan a Cristo».

El sínodo fue creado en 1965 por Pablo VI como organismo de consulta, una especie de Parlamento de la Iglesia. En el V Sínodo de la Familia participaron 216 padres sinodales, 161 obispos, 20 cardenales, 24 miembros de designación pontificia y numerosos auditores laicos, entre los que se encontraban 16 mujeres. En esta asamblea episcopal participaron, asimismo, el entonces prepósito de la Compañía de Jesús, el padre Pedro Arrupe, la Madre Teresa de Calcuta, y el matrimonio formado por el prestigioso médico John Billings y su mujer, descubridores del famoso método de control de la natalidad que lleva su nombre.

Los debates y sesiones se prolongaron durante casi un mes, y su clausura, solemnísima, tuvo lugar en la Basílica de San Pedro, con una misa presidida por el Papa. En el documento final quedó escrito: «La familia debe ayudar al hombre a discernir la propia vocación y a poner todo el empeño necesario en orden a una mayor justicia, formándolo desde el principio para unas relaciones interpersonales ricas en justicia y amor».

Una de las novedades del sínodo fue la participación, como auditores de numerosos laicos y, por vez primera, de mujeres. En su discurso de clausura Juan Pablo II recordó que en el sínodo se había hablado de ellas «con palabras oportunas y persuasivas, con respeto y con mucha gratitud; de su dignidad y de su vocación como hija de Dios, como esposa y madre. Y se ha puesto de relieve también el papel de la madre, rechazando todo lo que lesiona su dignidad humana».

En la asamblea se habló del uso de preservativos, de los intereses comerciales que rodean la venta de contraceptivos y de los riesgos para la salud de la mujer. Sin ignorar o menospreciar las voces y las críticas de una gran parte de la opinión pública mundial, reafirmó la doctrina moral de la Iglesia.

No faltaron anécdotas en aquellos días del sínodo, algunas de ellas muy curiosas. Entre los laicos auditores participaron dos matrimonios africanos que habían llegado a Roma con sus hijos pequeños, uno de ellos recién nacido. La secretaría del sínodo se preocupó de disponer de un servicio —tipo guardería— con un par de monjas que ejercieron de *babysitter*. Resultó de gran utilidad, pues las madres trabajaban tranquilas sabiendo que sus hijos estaban en «santas y buenas manos». A la hora de darle de comer, las monjas llevaban al recién nacido a una salita junto al aula, donde la madre le daba de mamar.

Una de las intervenciones más seguidas y apreciadas por los padres sinodales fue la de la Madre Teresa de Calcuta, quien hizo una defensa del derecho a la vida. Explicó cómo las Misioneras de la Caridad en la India evitaban la esterilización de los leprosos, una solución adoptada por el gobierno, educándoles en lo que la Iglesia llama «paternidad responsable».

Fue un sínodo que contribuyó a estudiar y analizar la problemática familiar desde todos los ángulos. Al término de la asamblea, se entregó al Papa una larga lista de propuestas para que la Iglesia pusiera al día su doctrina y su actitud ante las transformaciones radicales que estaba experimentando la familia. Dos meses más tarde, como un precioso regalo de Navidad, el Papa hizo pública la exhortación *Familiaris Consortio*, que recoge y sistematiza las proposiciones que le elevaron los padres sinodales. Consta de ciento setenta páginas y está dividida en cuatro partes; una de ellas dedicada a los derechos de los niños, de los ancianos y de la mujer. Cabe destacar algunos de sus párrafos:

- No hay duda de que la igual dignidad y responsabilidad del hombre y de la mujer justifican plenamente el acceso de la mujer a las funciones públicas.
- La misión de la familia cristiana, cuyo corazón viene a ser la misma caridad, no puede realizarse sino viviendo plenamente la verdad. Porque es la verdad la que libera; la verdad es la que pone orden y la verdad es la que abre el camino a la santidad y a la justicia.

- La Iglesia es consciente de que el matrimonio y la familia constituyen uno de los bienes más preciosos de la Humanidad...
- La donación física sería un engaño si no fuese digno y fruto de una entrega de toda la persona.
- Se debe estructurar la sociedad de manera tal que las esposas y madres no se vean obligadas a trabajar fuera de casa. La Iglesia puede y debe ayudar a la sociedad pidiendo incansablemente que el trabajo de la mujer en casa sea reconocido por todos y estimado por su valor insustituible.
- Hay que reservar una atención especialísima al niño, a sus derechos, así como al anciano, testigo del pasado e inspirador de sabiduría para los jóvenes y para el futuro.

En el documento se reafirmaba también la indisolubilidad del matrimonio, «aun cuando no se ignora que el egoísmo, el desacuerdo, las tensiones y los conflictos atacan con violencia y, a veces, hieren mortalmente la unión entre cónyuges, entre padres e hijos». Se condenaba el aborto, como ofensa grave a la dignidad humana y a la justicia, y se denunciaba a aquellos gobiernos que trataban de limitar la libertad a los esposos en la decisión sobre el número de hijos: «Hay que condenar totalmente y rechazar con energía cualquier violencia ejercida por autoridades públicas a favor del anticoncepcionismo e incluso de la esterilización y del aborto procurado». A este propósito, recuerdo al grupo de mujeres que en Brasil denunciaron ante el Papa lo que les estaba pasando: se negaba el trabajo a aquellas que tenían más de tres hijos y que no aceptaban someterse a la esterilización. Muchas veces he pensado, al leer la durísima condena en la *Familiaris Consortio*, que, mientras la escribía, Juan Pablo II debía de tener en mente el drama de aquellas obreras brasileñas.

19

El Papa en San Francisco
y Hollywood

En la Misión Dolores, a las afueras de la ciudad estadounidense de San Francisco, en la vieja iglesia fundada por misioneros franciscanos, Juan Pablo II fue recibido por sesenta y
ocho enfermos, la mayoría terminales de sida. Algunos habían
contraído el virus a través de relaciones sexuales y otros eran víctimas de su adicción a la heroína. Estaban acompañados por los
familiares o sus parejas. También había un niño de cinco años
en brazos de la madre. El pequeño se contagió del sida por una
transfusión de sangre. Estaba pálido, esquelético, con las huellas implacables del terrible virus. Mientras aguardaban la llegada del Papa, les hacía preguntas a sus padres con la ingenuidad
propia de su edad: «¿Habla inglés? ¿Sabrá mi nombre?»...

Aquel 17 de septiembre de 1987, en la Misión Dolores se respiraba un aire triste, una atmósfera de dolor, como si fuese la an-
tesala de la muerte. Este lugar fue construido en 1776 por los
franciscanos, los hijos de fray Junípero Serra, en su misión por

117

evangelizar a los indios Ohlone. Por increíble que parezca, fue el acto más distendido de la visita a la ciudad de San Francisco, la capital del amor libre, de gays y lesbianas. En protesta por la visita del Sumo Pontífice, y en una abierta y dura crítica contra la Iglesia, la comunidad homosexual estadounidense había organizado una manifestación por las calles de la ciudad del puente del Golden Gate. Se veían grupos disfrazados de Papa, de curas y de monjas. Levantaban y agitaban pancartas, algunas obscenas, y gritaban frases contra Juan Pablo II pidiendo que se marchara de Estados Unidos. Mientras desfilaban, repartían por las calles a la gente preservativos y pasquines antiVaticano. Se trataba de una cabalgata de pésimo gusto, pero muy significativa del espíritu que reinaba en una de las ciudades más bellas y permisivas del mundo. La manifestación estaba autorizada por el gobierno, y lo único que podía hacer la policía era impedir que aquello degenerase en violencia.

La llegada del Santo Padre a la Misión Dolores estuvo rodeada de policía y de vociferantes provocadores. Dentro del coche, se veía al Papa mover los labios. Me contaron después que iba rezando el rosario.

En la entrada de la sala del edificio principal de la misión, le esperaba el personal sanitario y los voluntarios que trabajaban en el cuidado de los enfermos. De allí, pasó a donde estaban los hospitalizados, a quienes fue saludando uno por uno, así como a las personas que les acompañaban. Algunos hombres de la iglesia habían lanzado en ocasiones anatemas contra el sida, como si fuera un castigo de Dios contra la perversión, una terrible represalia del Señor contra quienes, como algunos decían, vivían al igual que en Sodoma y Gomorra. Juan Pablo II se inclinó ante el sufrimiento ajeno y tuvo para cada uno de ellos palabras de consuelo, de cariño, asegurándoles que Dios era amor. «Dios ama. Ama a todos sin distinción, sin límites. Ama a los ancianos, a los débiles, ama a los enfermos de sida.» Y prosiguió diciendo: «El amor de Cristo es más poderoso que el pecado y la muerte. San Pablo decía que Cristo vino al mundo para redimir los pecados y que su amor es más grande que cualquier pecado, más grande que mis pecados o los de los demás. Ésta es la buena nueva que nos trae el amor de Dios y que la Iglesia proclama a lo largo de la historia. Ahora yo he venido a deciros que Dios os ama». El Papa terminó pidiéndoles que no se desesperaran, que abrieran sus corazones a Cristo, que es manantial inagotable de esperanza y misericordia.

Cuando Juan Pablo II llegó junto a los padres del niño, cogió al pequeño en brazos mientras escuchaba el drama de esa familia y cómo la tragedia se había adueñado de la existencia de aquel crío.

Dentro de la Misión Dolores se vieron lágrimas, ternura y consuelo. Pero también se escuchó el «Cántico de las criaturas» de san Francisco de Asís: «Alabado seas, mi Señor, / por aquellos que perdonan por tu amor, / y sufren enfermedad y tribulación; / bienaventurados los que las sufran en paz, / porque de ti, Altísimo, coronados están».

En el exterior, delante de la casa-hospital y por los alrededores, una multitud continuaba pidiendo a gritos «Pope Go Home» («¡Papa, márchate a tu casa!»). Las diversas televisiones estadounidenses transmitían el acto; unas centraban las imágenes en lo que ocurría en el interior; otras, en lo que estaba sucediendo en la calle. Dos de ellas, una de habla hispana y otra en inglés, recogieron ambos acontecimientos al mismo tiempo: mostraron el momento del encuentro del Santo Padre con los enfermos, a la vez que en un pequeño recuadro se veía la manifestación. De repente, todos vimos a Juan Pablo II con el niño en brazos y escuchamos al pequeño, consumido por los estragos de la enfermedad, que susurraba con una vocecita muy débil: «Pope, I love you. I love you». Al mismo tiempo, afuera se oían los gritos que pedían que el Papa se marchara. Era tal el contraste entre esas dos imágenes que la opinión pública estadounidense reaccionó y, a partir de entonces, la visita del Papa prosiguió con tranquilidad, incluso en algunos momentos con entusiasmo y, en Los Ángeles, hasta le dieron un toque cinematográfico.

En la ciudad de Carmel, otro de los lugares de la misión franciscana en California, a Juan Pablo II le dio la bienvenida el alcalde, que por aquel entonces era, ni más ni menos, que el apuesto Clint Eastwood. Pero será en Hollywood donde le esperaría el mundo del cine. En los estudios de la Universal aguardaban productores, directores, técnicos, gentes y estrellas del séptimo arte. Estaban el anciano Bob Hope, Dino de Laurentiis, el productor de *Doctor Zhivago*, el vicepresidente de la Walt Disney, Shirley MacLaine y Charlton Heston, entre otros. En su juventud Juan Pablo II había sido un buen actor; quién sabe, tal vez habría acabado en Hollywood... Como autor, dos de sus obras de teatro fueron llevadas al cine: *Hermano de nuestro Dios* y *El taller del orfebre*, esta última protagonizada por Burt Lancaster.

Juan Pablo II animó a los hombres y mujeres que hacían realidad el mundo de las ilusiones y de la magia de la pantalla grande, a que no dejaran que el trabajo les guiara ciegamente convirtiéndolos en esclavos. «No dejéis —les dijo— que vuestra única preocupación sea el dinero.»

20

Visita a las parroquias romanas

«Quiero ser el párroco del mundo; acercarme a las cabañas más pobres, entrar en el silencio y la oración de los conventos. Acercarme a los jóvenes. A las familias.» Éstas fueron las palabras de Juan Pablo II, poco después de ser elegido Papa. Y así lo hizo. La cúpula de San Pedro dejó de ser el eterno telón de fondo del papado para convertirse en rascacielos estadounidenses, grandes capitales europeas, cárceles, aldeas africanas, barrios extremadamente pobres, inmensas explanadas de ciudades portuarias que se asoman a todos los mares que bañan la Tierra... Podría decirse que el mundo se le quedó pequeño en su afán de ser el párroco del universo.

Los datos de su pontificado son elocuentes. Recorrió 1.247,613 kilómetros, lo que equivale a más de tres veces la distancia de la Tierra a la Luna. Visitó 129 países en 104 visitas apostólicas fuera de Italia. Era tal su afán misionero y apostólico que hasta por los pasillos del Vaticano se decía: «¿En qué se parece Dios a Juan Pablo II?». Y la respuesta era: «En que Dios está en todas partes y Juan Pablo II ya ha estado».

Lo constatamos cuando el Santo Padre llegó a la lejanísima Papúa Nueva Guinea en 1984. Al bajar del avión, en el aeropuerto de Port Moresby, estábamos todos seguros de que era la primera vez que el Papa visitaba ese país. Cuál fue nuestra sorpresa cuando, en el discurso oficial de bienvenida, el Papa comentó al presidente de la nación que ya había visitado Papúa en 1973 como arzobispo de Cracovia.

Parecía imposible que monseñor Wojtyla hubiera ido a las antípodas donde los católicos eran una minoría, en un país donde muchos poblados vivían aún en la Prehistoria y donde imperaba la «civilización del cerdo», un animal tan apreciado que, en una encuesta hecha a los hombres papúes, todos destacaron como primera virtud femenina la de cuidar bien al cerdo.

Once años después, y en calidad de Papa, Juan Pablo II regresó para ensalzar la labor evangelizadora de los misioneros y de aquellos que dieron su vida por la fe, como el beato Giovanni Mazzucconi, beatificado en Roma poco antes de la visita del Santo Padre a Papúa Nueva Guinea.

«Como párroco del mundo» y como obispo de Roma, «párroco de la Ciudad Eterna», visitó a sus feligreses siempre que podía. En 1999, fue a la parroquia de San Urbano y San Lorenzo, en el popular barrio del norte de Roma conocido como Prima Porta. Era su primera visita a una parroquia de la diócesis y quiso estar informado de los problemas del lugar, de la situación de los parroquianos, de cómo se programaban y desarrollaban las catequesis que se impartían en la iglesia... en definitiva, de toda la vida parroquial. Para ello, invitó a comer al párroco. Cuando el cura de Prima Porta descolgó el teléfono y supo por la Prefectura de la Casa Pontificia que el Santo Padre le invitaba a su mesa, pensó que se trataba de una broma: «¡Por supuesto! —contestó—. Dígale a Su Santidad que me espere, que iré». Se dieron cuenta de que no se lo había creído y tuvieron que invitarle con una carta oficial de la prefectura. A partir de ese momento, el sacerdote no cabía en sí de los nervios y de la emoción. Se lo contó a sus colaboradores y a los feligreses más allegados, que le ayudaron a planchar la sotana, le regalaron un par de zapatos y hasta una cartera para que metiera en ella los papeles y la información relativa al día a día de la parroquia.

Antes de marcharse rumbo a la Ciudad del Vaticano, uno de los vecinos, que tenía un pequeño huerto y una viña, le entregó una botella de su mejor cosecha, convencido de que sería del agrado del Santo Padre. Al párroco le pareció que sería un regalo acertado, por lo que accedió a llevársela envuelta en un bonito papel.

Cuando el sacerdote entró por el Portón de Bronce y vio a los soldados de la Guardia Suiza, se azaró y pensó que, tal vez, la botella de vino estaba fuera de lugar. La metió en el bolsillo de la sotana y subió la escalera que comunica el patio de San Dámaso con la Casa del Papa. A pesar de que el regalo abultaba en aquella sotana y de que don Stanislaw, al recibirle, se había percatado de la botella camuflada, el párroco evitó hacer cualquier comentario al respecto.

Juan Pablo II lo recibió con extrema cordialidad, le preguntó por todo lo relacionado con la parroquia y le dijo que el prefecto le comunicaría qué domingo iría a visitarles. Se interesó por las dificultades y por las necesidades de los habitantes de Prima Porta en un tono afable, lo que hizo que, poco a poco, el sacerdote se fuera encontrando más relajado. Tanto que se olvidó de la botella que ocultaba en la sotana.

Llegado el momento de sentarse a la mesa, el Santo Padre le preguntó qué llevaba en el bolsillo de la sotana. Era evidente que se trataba de una botella. «Perdone, santidad, pero es un vino que produce personalmente en su viña uno de mis feligreses. Es una persona muy comprometida con la Iglesia, y pensó que al Santo Padre podría agradarle.» El Papa repuso: «¡Y no me diga, reverendo, que pensaba volver a llevársela! Me parece que su feligrés ha tenido una buenísima idea y ahora mismo vamos a probarlo». Juan Pablo II no solía tomar en las comidas más que té verde, pero en ese almuerzo bebió un vasito de ese vino de Prima Porta.

El domingo de la visita papal fue una gran fiesta. Juan Pablo II conversó con diversas familias, niños, jóvenes, ancianos y matrimonios de la parroquia y del barrio. Conoció también al hombre que había elaborado aquel vino y aprovechó para agradecerle personalmente el regalo.

Otra visita muy entrañable fue la que hizo a la parroquia de Santa María Liberadora, en el típico barrio romano del Testaccio, donde los protagonistas fueron los muchachos del colegio salesiano Don Bosco, que le acogieron con un entusiasmo desbordante y le prepararon una fiesta en la que recitaron algunas poesías que habían compuesto en honor al Santo Padre. Una de ellas había sido escrita por un chico de doce años que la había compuesto en romanesco, el dialecto romano. La poesía era muy graciosa, pero de difícil comprensión, incluso para los italianos, quienes, los del norte del país llaman despectivamente «romanaccio». El poeta amateur, con toda su buena voluntad, había terminado rimando el romanesco con el término polaco «do widzenia», que significa «hasta pronto». Juan Pablo II agradeció un recibimiento tan caluroso y original, aunque observó que no le había extrañado porque conocía a los salesianos, con los que había convivido en Cracovia en aquellos días de la guerra, donde la hermandad y la amistad se mezclaban dolorosamente con el odio y la violencia. Fue en esta visita, y evocando aquellos trágicos años en Polonia, cuando el Papa se refirió a la ciega, inhumana violencia que tantas veces y en tantísimas ocasiones condenó.

21

Argentina en guerra

La guerra de las Malvinas entre Inglaterra y Argentina por la posesión de las inhóspitas tierras en el sudoeste atlántico transformó el ansiado viaje ecuménico de Juan Pablo II a Gran Bretaña en una difícil misión de paz. Tuvo lugar del 28 de mayo al 2 de junio de 1982. La estancia, al igual que los discursos, del Papa se habían preparado para no herir susceptibilidades, no levantar suspicacias ni reabrir heridas del pasado cuando el rey Enrique VIII rompió con Roma y provocó el Cisma de Occidente. El Sumo Pontífice anhelaba el encuentro con el reverendo Runcie, arzobispo de Canterbury. Lo deseaba tanto que podría decirse que soñaba. La invasión de las islas Malvinas por tropas argentinas hizo que esta visita, en aras del diálogo con los anglicanos, se viera enturbiada por los vientos de la guerra.

El abrazo entre el Papa y el arzobispo de Canterbury, tras cuatro siglos de odio y enfrentamientos entre católicos y anglicanos, quedó ofuscado debido a la tensión y al exacerbado patriotismo por la posesión de estas tierras heladas, semidesiertas, en el Atlántico meridional. Muchos observadores consideraron que, en esas circunstancias, la visita de Juan Pablo II era inoportuna y aconsejaban aplazarla. Cómo podía, argumentaban, ir el Papa a una nación, en pleno conflicto armado contra otra, siendo esta última un país con un 94 por ciento de población católica. Y, por lo que parecía, estaba abocado a sufrir una sangrienta derrota. Sin embargo, contra viento y marea, el Papa emprendió el viaje a Inglaterra. Pensaba, quizá, que lograría convencer al gobierno de Margaret Thatcher de que resolviera el conflicto por la vía del diálogo y de la negociación. Todos los esfuerzos se demostraron inútiles y la Dama de Hierro permaneció sorda e inflexible a todas las sugerencias y argumentos que le expuso, en nombre del Papa, el secretario de Estado, el cardenal Agostino Casaroli. ¡Gran Bretaña combatiría hasta alcanzar la victoria!, vino a responderle. No importaba ni el coste que aquello suponía ni el número de víctimas. Inglaterra no estaba dispuesta a que invadieran su territorio y sufrir una agresión por parte de otro país.

En el aeropuerto de Londres, Juan Pablo II reconoció que su visita tenía lugar en un momento de tensión y ansiedad, y que esa trágica situación le causaba una gravísima preocupación. «En las últimas semanas —explicó— se ha tratado de solucionar la disputa a través de negociaciones diplomáticas, pero, a pesar de los sinceros esfuerzos de muchos, la situación se ha precipitado hasta convertirse en un conflicto bélico que está costando numerosas víctimas y amenaza adquirir mayores proporciones.» Pocas veces vimos al Papa dar su discurso de bienvenida con una expresión tan visiblemente angustiada y un tono de voz que no ocultaba esa aflicción... Pero ni los periódicos más favorables a la visita papal se hicieron eco de sus llamamientos, ni resaltaron el discurso del Santo Padre en el aeropuerto de Gatwick.

En el discurso de despedida en la ciudad de Cardiff, el Papa reiteró el llamamiento para que se encontrara una vía que evitase la violencia y el derramamiento de sangre. «He venido como heraldo de la paz. Para proclamar el Evangelio de la paz y dejaros un mensaje de reconciliación y de amor.» Juan Pablo II evocó el conflicto de las Malvinas pero también el de Irak e Irán para asegurarles que «en este momento de la Historia es necesario y urgente la reconciliación entre las naciones, entre los cristianos. En un mundo lacerado por el odio y la injusticia, dividido por la opresión, la Iglesia quiere ser la portavoz que sirva para promover la comprensión y la hermandad». Habían transcurrido seis días desde su llegada al aeropuerto londinense de Gatwick, pero todos sus esfuerzos a favor del diálogo y del entendimiento pacífico se habían demostrado inútiles. Inglaterra continuó aferrada a su orgullo patriótico y sobre todo a la convicción de su superioridad bélica que finalmente le daría la victoria. Juan Pablo II no desistió en su objetivo y, en busca de esa utopía de paz, voló rumbo a Buenos Aires. En un intento de detener la guerra, esta vez se entrevistó con los contrincantes. Trató de convencer al gobierno argentino y se acercó al santuario mariano de Luján para, a los pies de la Virgen Patrona, Nuestra Señora de Luján, implorarle su ayuda. Fue un viaje agotador: Roma-Buenos Aires, con escala en de Río de Janeiro; dieciséis horas de vuelo a la ida y otras tantas un día y medio más tarde; y veintitrés mil kilómetros para permanecer en la capital argentina treinta y seis horas.

En su primera visita, después de los saludos y del encuentro oficial con el presidente Galtieri en el Salón Blanco de la Casa Rosada, fue al santuario nacional para implorar «a la Virgen de Luján que enjugue las lágrimas de sus hijos»; para que consuele con su amor maternal a este su pueblo al que «ha ido a visitar porque sabe que está sufriendo». Pidió la ayuda de María para que los responsables de los destinos de la nación encontraran una solución que no hiriese la dignidad de ninguno de los dos pueblos.

En el aeropuerto de Ezeiza, en la ceremonia de bienvenida, el discurso que dirigió al presidente Galtieri fue más bien una plegaria de paz; le pidió que se encontrara una solución negociada que evitara ulteriores víctimas. «Ante el horror de lo ocurrido en Hiroshima —dijo el Papa—, cada vez que ponemos en peligro la vida del hombre, ponemos en marcha los mecanismos que conducen hacia esas catástrofes; emprendemos caminos peligrosos e inhumanos.» Prosiguió su alocución en un intento de advertir a la humanidad «sobre el injusto fenómeno de la guerra, en cuyo escenario de muerte y dolor sólo cabe la negociación para lograr evitarla». Los argentinos recibieron con entusiasmo a Juan Pablo II pero, al igual que los británicos, no estaban dispuestos a aceptar consejos de paz. Las pancartas por las calles no dejaban lugar a dudas: «Viva el Papa y las Malvinas». «Juan Pablo II, te queremos como a las Malvinas.» «Santidad, ¡que Dios nos conceda la victoria!» Los argentinos estaban más ebrios de patriotismo que los propios ingleses, y no aceptaban que el Papa condenara una guerra que para ellos era justa y necesaria. Se oyeron más gritos de «Viva Argentina» que de «Viva el Papa». Parecía que al único que había que consolar por esa tragedia de hielo y fuego que estaba sembrando de muertos y heridos las lejanas islas del Antártico era a Juan Pablo II.

Los argentinos estaban, como los británicos, desbordantes de orgullo patriótico, y la visita del Papa era una epopeya que había que celebrar. Acudieron por ello, en masa, a la misa que Juan Pablo II celebró en el parque 3 de Febrero (conocido popularmente como Bosques de Palermo), el más grande y hermoso de Buenos Aires. Muchos de los dos millones de fieles que abarrotaban el lugar eran jóvenes, y a ellos se dirigió el Santo Padre en modo particular: «No hagáis que vuestras energías se marchiten en el odio». Era un día helador, y numerosas personas, que habían pasado la noche en el parque para estar más cerca del altar, se cubrían con gruesas mantas y habían encendido braseros para mitigar los dos grados bajo cero que marcaba el termómetro. Todos los presentes en la explanada iban provistos de transistores, no para escuchar mejor al Santo Padre y seguir la liturgia, sino para estar informados en todo momento sobre lo que estaba sucediendo en las islas de la discordia. Oyeron fervorosamente la santa misa, pero siempre pendientes de las noticias sobre las Malvinas. La televisión y la radio que transmitían la ceremonia en directo interrumpieron de repente la conexión para dar la dramática noticia de la batalla final en las islas, que había dado la victoria a Gran Bretaña. En las Falkland-Malvinas se alzó la bandera de la Union Jack, pero el suelo quedó teñido de sangre. La dramática noticia coincidió con la homilía del Papa, con el momento en el que Juan Pablo II comunicaba a los jóvenes argentinos el mensaje de paz de muchos jóvenes ingleses y les pedía a unos y a otros que unieran las manos para hacer una cadena de amistad y solidaridad que fuera más fuerte e indestructible que la cadena de la guerra.

El Papa hizo el último llamamiento de este extenuante y breve viaje poco antes de dejar Buenos Aires rumbo a Roma: pidió a Dios que «los sentimientos de repacificación entre las dos partes vayan más allá del silencio de las armas y se traduzcan en la profunda convicción de la necesidad de buscar todos los medios posibles para alcanzar una paz justa, honorable y duradera».

A bordo del avión, uno de los periodistas que acompañábamos al Papa en este estéril viaje le preguntó «si haber ido a Argentina a predicar la paz no había sido como gritar en el desierto». Juan Pablo II le respondió sin dudarlo un instante: «Para que en el mundo no haya un desierto se necesita una voz, y esa voz, aunque solamente sea una, será la mía y... siempre se alzará». Por ello, el Papa recorrerá ese desierto y predicará la paz allí donde haya guerras. Incluso en la misma casa de los pueblos en guerra.

22

Encuentro con la Iglesia anglicana

Siglos de odios, de enfrentamientos, de implacable lucha religiosa entre católicos y anglicanos parecía que tocaban a su fin aquella mañana del 17 de octubre de 1980. En el Palacio Apostólico, Juan Pablo II recibió en audiencia de Estado a la reina Isabel II y a su augusto esposo, el príncipe Felipe de Edimburgo. La soberana inglesa, descendiente de Enrique VIII, se encontraba en el Vaticano con el sucesor del papa Clemente VIII, quien había excomulgado al monarca inglés en julio de 1533.

Esta audiencia, cuatrocientos cuarenta y siete años después de la excomunión de Enrique VIII, era en verdad un acontecimiento sin precedentes desde el doloroso cisma del que nació la Iglesia anglicana. La reina, en esta ocasión, iba a invitar oficialmente al Papa a que visitara Gran Bretaña. Es más, como cabeza suprema de la Iglesia anglicana, lo invitaba, también en nombre del arzobispo y primado de la Iglesia anglicana, a entrar en la espléndida abadía de Canterbury, donde no sólo le acogería, en nombre de la reina, su hijo, el príncipe Carlos, sino que también el reverendo Robert Runcie, arzobispo de Canterbury, le acompañaría para participar juntos en una ceremonia ecuménica. ¡Qué lejos quedaban aquellos años de violencia y mutuos rencores!

La soberana inglesa entró en la biblioteca pontificia, elegantísima, impecablemente ataviada con un traje largo, negro, y mantilla del mismo color. Llevaba la Orden de la Jarretera y una preciosa condecoración. Los periodistas ingleses no supieron decirnos el origen o simplemente el nombre de la espléndida honorificencia, por lo que tuvimos que llamar a la embajada británica para que nos sacaran de dudas. Grande fue nuestra sorpresa al descubrir que la condecoración pertenecía al tesoro de la corona y era la última que Roma había concedido al rey Enrique VIII antes de la dramática ruptura que provocó el cisma; un detalle cargado de significado, sin duda.

Tras el cisma, en señal de desprecio a la Iglesia de Roma, ningún soberano inglés lució esa condecoración, y durante cuatro siglos y medio permaneció en la Torre de Londres. La reina Isabel II se la puso en ocasión de la audiencia papal, en un signo de deferencia y de buena voluntad.

Fue un esperanzador preludio a la histórica visita del Papa a la catedral de Canterbury, una de las más bellas catedrales de Europa, sede del primado de la Iglesia anglicana. Aquella mañana del 29 de mayo de 1982, en este templo, sinfonía de vidrieras multicolores, con sus imponentes arcadas, hizo su entrada el Papa junto al arzobispo reverendo Runcie. Los recibieron el sonido de trompetas y el respetuoso silencio de los fieles anglicanos y católicos que, unidos, por vez primera recibían a los líderes de las dos Iglesias separadas. Fue una ceremonia grandiosa y emocionante. Avanzaron por la nave central el uno al lado del otro con la convicción de estar escribiendo una página que cambiaría la Historia. Llegaron hasta la cátedra de san Agustín, el monje enviado por el papa Gregorio Magno para evangelizar la isla. Ninguno de los dos, ni el Papa ni el arzobispo, tomaron asiento en el sillón, pero sí colocaron sobre él el manuscrito de los Evangelios. Se arrodillaron juntos ante el altar, donde en 1170, por su fidelidad al papado, fue asesinado Tomás Becket. Bajo las bóvedas que vivieron siglos dramáticos, de intransigencia... en este magnífico escenario iluminado por la luz que se filtraba por las vidrieras medievales, se asistió a la llamada «celebración de la fe», que renovó públicamente el sacramento del bautismo y el empeño de trabajar juntos hasta llegar a la plena comunión. Juan Pablo II y el primado de la Iglesia anglicana besaron el manuscrito de los Evangelios que, trece siglos antes, había enviado a Roma el monje san Agustín.

El Papa leyó el pasaje de san Juan en el que el evangelista escribió: «No pido sólo por éstos, sino por aquellos que creen en mí para que todos sean una misma cosa». La voz del Santo Padre se escuchó en medio de un silencio impresionante. Después, pronunció su esperado discurso, en el que no abordó ninguno de los puntos de desacuerdo entre las dos Iglesias, sino al contrario, puso el acento en todo aquello que unía a católicos y anglicanos. Remarcó la fe en Cristo, el bautismo, el credo, la profesión de fe que rezaron al unísono. Juan Pablo II afirmó después «que había venido a Canterbury con espíritu de amor y de servicio».

Terminada la ceremonia que sirvió para dar pasos de gigante en el camino de la distensión y de la comprensión fraterna, el Sumo Pontífice y el primado anglicano salieron al claustro y se dirigieron al jardín, donde, sobre una mesa de piedra, firmaron un documento conjunto que ratificaba los procesos de diálogo entre las dos Iglesias. Un texto que, si bien no puso fin a las divergencias, sí abrió las puertas al entendimiento mutuo. Ni que decir tiene que la declaración con las firmas de Juan Pablo II y el arzobispo Robert Runcie suscitó la ira, la rabia y la airadas protestas de antipapistas irlandeses y escoceses, capitaneados por Ian Paisley y Jack Glass, quienes, obviando los desacuerdos que existían entre ellos, aprovecharon la ocasión para organizar protestas públicas y lanzar eslóganes contra el Papa. Fueron pocos los activistas que salieron a la calle, pero sí muy ruidosos. El reverendo Paisley, llegado de Irlanda con unos diez seguidores que silbaban como posesos, al pasar el papamóvil por una calle de Liverpool, levantó un cartel en el que se leía HA LLEGADO LA BESTIA DEL APOCALIPSIS. Paisley, con el grupo de los suyos, siguió el recorrido del Santo Padre, en Edimburgo y en Glasgow, donde se les unieron Jack Glass y sus compañeros. Glass, con los ojos que parecían salirse de las órbitas, gritaba como un loco que «el Anticristo, llegado de la sinagoga de Satanás, había ensuciado con sus pies el suelo de Inglaterra». A pesar de estas, escasas en verdad, críticas y protestas, el viaje de Juan Pablo II dio frutos que empezarían a verse con el transcurrir de los años del pontificado de Wojtyla.

Las visitas al Vaticano del reverendo Runcie fueron cada vez más frecuentes y lo mismo su participación en ceremonias ecuménicas y en momentos tan importantes como la apertura, en el Año Santo de 2000, de la Puerta Santa en la Basílica de San Pablo, o en Asís, el 27 de octubre de 1986, en la Jornada Mundial de Oración por la Paz. Los hermanos, separados durante tanto tiempo, cada vez están más cercanos los unos de los otros. Y, en este siglo XXI, muchos de ellos también han vuelto a Roma, sin resquemores ni resentimientos por parte de la Iglesia anglicana y acogidos con los brazos abiertos por la Iglesia católica.

23

En el infierno de Auschwitz

A sesenta kilómetros de Cracovia se encuentra la ciudad de Oswiecim, un lugar de horror, humillación y muerte. Los nazis lo llamaban Auschwitz, y construyeron cuarenta campos de exterminio, donde deportaron a millones de personas; la mayoría hebreos, pero también zíngaros y católicos. Adolf Hitler, en su demente ideología, se propuso acabar con la raza judía y con aquellos que se oponían a sus diabólicos planes. En Auschwitz murieron cuatro millones de seres humanos; para acelerar el *Ausschluss* (es decir, el genocidio), edificaron hornos crematorios comunicados con inmensas cámaras de gas.

Llevaban hasta allí a los prisioneros y les ordenaban que entraran para ducharse. Pocos instantes después del «baño» de gas, en unos pequeños vagones, como los que transportan el carbón, amontonaban los cuerpos hasta depositarlos dentro de los hornos. El fuego los convertía en cenizas. La humanidad debería obligatoriamente visitar este campo, al que se accede pasando bajo un gigantesco letrero en el que se lee: ARBEIT MACHT FREI (el trabajo os hará libres). Tras esa visita, nos daríamos cuenta de hasta qué límites alcanzan el odio, la barbarie y la crueldad del ser humano.

En Auschwitz murieron muchos amigos y compañeros de seminario de Karol Wojtyla. A él también le buscaron para deportarle. La ficha con su nombre y su condición de sacerdote católico se la entregó en Ginebra, en junio de 1982, el presidente del Comité Internacional de la Cruz Roja, en ocasión de la visita apostólica a algunos organismos que tenían la sede central en esta tranquila ciudad a orillas del lago Lemán. ¡Cuántos recuerdos debieron de acudir a la mente del Papa mirando esa ficha en la que la Gestapo había escrito su condena a muerte! Sin duda, revivió las veces que se adentró en ese inmenso campo, en los barracones, en las habitaciones donde se amontonaban miles de gafas, de cabellos de los prisioneros... Sin duda, leyó los libros en los que los médicos de las SS detallaban los experimentos, algunos tan escalofriantes como éste: «Mujer hebrea de veinte años, embarazada de un soldado de raza aria... Analizado el feto de cinco meses que presenta estas características...». Hay decenas de volúmenes como éste o incluso más aterradores en Oswiecim.

En la sede de la Cruz Roja, debieron pasar tantos seres humanos, tantas personas amigas y conocidas por el corazón y la memoria del Papa... Algunos, como la carmelita madre Edith Stein, judía convertida al catolicismo, o el franciscano Maximiliano Kolbe, que perdieron la vida en Auschwitz y a los que el Papa elevará años después al honor de los altares. A otros, como a una niña judía de Cracovia, la encontró, para su gran sorpresa y alegría, en Jerusalén. A Oswiecim, a «este Gólgota contemporáneo», fue Juan Pablo II en su primer viaje a Polonia. Concelebró la eucaristía con obispos y sacerdotes, ex prisioneros de campos de concentración. «No podía dejar de venir aquí como Papa», dijo después de recordar las numerosas veces que había estado como sacerdote y como obispo. Se revistió con los paramentos litúrgicos en el mismo barracón donde se descargaban a los prisioneros hacinados en los trenes, que, una vez allí, eran separados: algunos iban directamente a las cámaras de gas, y los que podían trabajar o ser utilizados para terroríficos experimentos eran enviados a los barracones. Ese edificio donde se seleccionaba a los cautivos muestra en las paredes nombres y mensajes de desesperación escritos con las uñas.

En el centro del campo, detrás del altar, se alzó una cruz de la que pendía una corona de espinas y, como si fuera un sudario, una tela de rayas blancas y azules, el uniforme de los deportados. En ella se leía «16670», el número que identificaba a Maximiliano Kolbe, testigo de amor en el campo del odio a través de la vía de la cruz...

Aquella mañana algunos ex prisioneros habían vuelto a vestir el maldito pijama de rayas y esperaban la llegada del Santo Padre, en silencio, con el dolor reflejado en los rostros. Salpicaron con florecitas silvestres los raíles de los trenes de la muerte, al igual que el alambrado que rodeada el campo y por donde pasaban los cables de alta tensión; pretendían así esconder la pesadilla y la desolación del lugar. Ese día el Papa tenía fiebre y su voz ronca era como un susurro: «Cristo desea que yo, sucesor de Pedro, dé testimonio al mundo de lo que constituye la grandeza del hombre, pero también su miseria; de lo que es su derrota, pero también su victoria».

Terminada la misa, el Papa, «en este campo intacto en sus estructuras», rezó ante el muro de la muerte y se acercó a la celda de los condenados, una angosta habitación donde ocho e incluso diez prisioneros debían permanecer de pie, sin poder salir, sin que se les diese comida ni bebida hasta que morían.

En la homilía evocó a las víctimas, nombrando las naciones a las que pertenecieron y, de modo muy especial, al pueblo judío, «un pueblo cuyos hijos e hijas estaban abocados al exterminio total. Este pueblo al que Dios le encomendó el mandamiento de no matar, ha experimentado en su propia carne lo que significa no asesinar». Juan Pablo II dijo también, en medio de un silencio roto por las lágrimas: «Estamos aquí no para acusar sino para recordar».

A mi lado, escuchándole, se encontraba un ex prisionero con el uniforme de rayas. No le miré a los ojos pero le cogí la mano, en un deseo de borrar con un signo de paz tantos años de odio. Era una jornada bellísima de primavera, y el prado, alrededor del campo, estaba cubierto de una hierba maravillosamente verde. No pude menos de decir a aquel hombre. «¡Cómo es posible que crezca una hierba tan hermosa en un lugar tan cruel!». Con los ojos enrojecidos, a punto de llorar, mostrándome en el brazo un número grabado con hierro candente, me respondió: «Esperemos que en el mundo no vuelva a crecer una hierba tan verde».

Juan Pablo II revivió, muchos años más tarde, en el inicio del tercer milenio, el recuerdo de Oswiecim. Fue durante el viaje a Tierra Santa. En el Año Santo de 2000 peregrinó a Jerusalén y visitó los lugares donde nació, vivió y predicó Cristo: Belén, Nazaret, el lago Tiberíades... Oró en el monte de los Olivos y subió al Gólgota. Deseaba con toda su alma seguir las huellas de Jesús y, a pesar de que apenas podía caminar y su salud era muy precaria, emprendió ese viaje con pasión y amor. Viéndole, nos preguntábamos de dónde podía el anciano Papa sacar tanta energía... Andrea Tornielli afirmaba que el secreto del Papa estaba en Dios: «Está inmerso en Dios». En Israel el Sumo Pontífice deseaba tender la mano a «los hermanos mayores», en busca de diálogo y en aras de la paz. Por ello rindió un homenaje a las víctimas del Holocausto judío en Yad Vashem, donde arde la llama eterna del recuerdo. En la sala abovedada recubierta con fotografías de muchos de los que murieron en los trece campos de exterminio nazi (Birkenau, Dachau, Buchenwald, Mauthausen...), Juan Pablo II volvió a condenar «la demente ideología del hombre contra el hombre».

Al terminar la ceremonia, una mujer de unos cincuenta años se acercó a saludar al Santo Padre. Le habló en polaco y entre lágrimas, por lo que sólo pudimos entender que le daba las gracias repetidas veces. ¿Quién era aquella mujer? Cuando Juan Pablo II se marchó, nos acercamos a ella porque indudablemente ese encuentro encerraba una noticia. Nos enteramos así de que había conocido al Papa cuando liberaron Oswiecim. Llevaron a los pocos supervivientes de aquella locura asesina de

Hitler al puesto que la Cruz Roja Internacional había instalado en la estación de Cracovia. Desde allí trataban de localizar a los posibles familiares o proporcionarles un lugar de residencia. Aquella niña judía estaba sola; sus padres, abuelos y su hermano, toda su familia, habían muerto en el campo, y ella no quería seguir viviendo. ¿Para qué ir a la estación si no tenía a nadie? Se sentó en el banco de una calle. Entonces pasó un hombre joven, quien le preguntó por qué no estaba en la estación. La chiquilla le contó su tragedia, y cuando él le preguntó su nombre, ella le respondió con un número; ése había sido su nombre durante muchos años. Aquel desconocido le habló; la convenció de que tenía que vivir para que los suyos lo hicieran a través de ella, y lo hizo llamándola por su nombre, tal y como hacía su familia. La fue llevando hasta la estación diciéndole palabras de cariño y de aliento. Al dejarla en la Cruz Roja se despidió de ella: «Acuérdate de que tienes que vivir por ellos». «Y tú, ¿cómo te llamas?», le preguntó entonces la niña. «¿Yo? Karol Wojtyla.»

No volvieron a encontrarse hasta el día que en Yad Vashem el Papa rindió homenaje a las víctimas del Holocausto. Aquella jovencita era abuela, residía en Haifa y, como le pidió aquel polaco desconocido, ¡había vivido por ellos!

24

La Madre Teresa en la India

«Y cuando llegue al Cielo, ¿qué le dirá san Pedro?», le preguntó bromeando el cardenal Pio Laghi a la Madre Teresa de Calcuta. Ella, sonriendo, le contestó rápida: «¡Me echará una bronca tremenda!». El cardenal no se esperaba tal respuesta... «Pero ¡cómo se va a enfadar con usted san Pedro!» La Madre Teresa, entonces, con su desarmante sonrisa, con aquellos ojos de niña pícara y mirada penetrante, le replicó: «¿Por qué? ¡Pues porque le he llenado el Cielo de pobres!».

Era el 28 de junio de 1997, vísperas de la festividad del apóstol san Pedro, patrón de Roma. La Madre Teresa estaba ya muy enferma, se movía en silla de ruedas y bastaba verla para comprender que su fin estaba cerca. Ella lo sabía, porque a menudo los propios enfermos son los que mejor saben cuándo se aproxima su hora. Antes de dejar esta tierra, la Madre Teresa tenía dos grandes deseos: despedirse de Juan Pablo II y morir en Calcuta. Vio cumplidos los dos.

El día de San Pedro, se encontraba en la basílica vaticana, en primera fila, entre los miles de fieles que asistían a la solemne misa presidida por el Papa. Al verla, Su Santidad se paró para saludarla y bendecirla. La Madre Teresa trató de levantarse de la silla, pero Juan Pablo se lo impidió, abrazándola. No volvimos a verla en Roma...

Regresó a Calcuta, la ciudad donde nació la epopeya de caridad de la monja más famosa del mundo, premio Nobel de la Paz en 1979. Dos meses más tarde, el 5 de septiembre de 1997, a los ochenta y siete años, llamó a las puertas del Paraíso que había llenado, como le dijo al cardenal Laghi, con sus legiones de pobres.

El gobierno indio le ofreció un funeral de Estado el 13 de septiembre y, como parte de éste, su féretro fue trasladado por gran parte de la ciudad en el mismo armón de artillería en el que fueron llevados los restos de Mahatma Gandhi y Jawaharlal Nehru. Enviado por el Papa, el secretario de Estado del Vaticano, el cardenal Angelo Sodano, ofició la ceremonia fúnebre, en la que leyó el siguiente mensaje: «La Madre Teresa ha encendido la llama de amor de la que tanta necesidad tiene el mundo».

A los funerales acudieron los poderosos de la Tierra y los más desheredados, así como las autoridades de la India que le rindieron honores. A pesar de ser una religiosa católica, para los hindúes era simplemente «The Mother», la madre, y era querida por el pueblo y admirada por todos los líderes religiosos. Aquella mañana, en el estadio de Calcuta, se dieron cita la reina Sofía de España, así como la reina Fabiola de Bélgica, la de Jordania o las primeras damas francesa y estadounidense: Bernadette Chirac y Hillary Clinton. Más de quince mil personas se congregaron en el estadio Netaji para despedirla, tanto católicos, budistas, parsis como hindúes; pero sobre todo los parias, los más pobres de entre los pobres, a los que la Madre Teresa amaba porque en «cada uno de ellos, veía el rostro sufriente de Cristo».

«Para ser la voz de los pobres del mundo, la voz de los pobres de la Madre Teresa» llegó Juan Pablo II a Calcuta en febrero de 1986. Había visitado numerosas ciudades de la India, pero sin duda la etapa más emotiva y esperada fue la visita a esta inmensa urbe, donde existe el hombre-caballo, un medio de transporte que es mucho más barato que el taxi. El conductor del rickshaw corre descalzo, tirando del carrito, en el que van sentados los clientes, y se abre paso por las calles haciendo sonar la campanilla atada a la muñeca. La mayoría de ellos están tuberculosos y en el esfuerzo escupen sangre, algo que a los habitantes ricos de la ciudad les molesta. Para evitar que los rechacen, mastican una raíz roja que puede confundirse con uno de los síntomas de la enfermedad.

El primer ministro indio, Rajiv Gandhi, quiso que el Papa entrara en la capital por la zona elegante, por los barrios de los millonarios, pero Juan Pablo II rechazó la invitación. Accedió a Calcuta por la puerta de los miserables porque a los primeros que iba a visitar era a los moribundos de la Casa del Corazón Puro (más conocida como Casa del Moribundo), donde la Madre Teresa los acogía y cuidaba. Recorrimos con el Papa un paisaje dantesco, repleto de charcos con agua pútrida que desprendían un olor nauseabundo. A lo largo del camino se agolpaban filas interminables de casas de adobe que parecían pocilgas, y en el cielo bandadas de cuervos negros volaban bajo porque siempre encontraban algo que comer.

Por fin Juan Pablo II llegó al templo de la diosa Kali, donde el gran sacerdote, en 1954, concedió a la Madre Teresa dos inmensas habitaciones anexas al templo, para que alojara en ellas a los desdichados que agonizaban abandonados en las aceras. El gran sacerdote, acompañado de los encargados de la divinidad hindú, dio la bienvenida al Papa con la tradicional corona de flores. La Madre Teresa esperaba a la puerta de la Casa del Corazón Puro junto con sus Hijas de la Caridad, todas ataviadas con el sari blanco ribeteado con una raya azul. Juan Pablo entró en el recinto con la Madre Teresa; una tablilla en la pared informaba que esa noche habían entrado veinte personas y cuatro habían fallecido. En colchonetas tendidas en el suelo se encontraban sesenta moribundos. Tres eran leprosos, y había sesenta mujeres, además de una veintena de niños. El Santo Padre les acarició, les dijo a todos palabras de consuelo que traducía la Madre Teresa. Al marcharse el Papa de la Casa del Corazón Puro, ella le dijo: «Santidad, se mueren sabiendo que Dios les ama y les espera. Por primera vez en sus vidas descubren que se les quiere y se sienten felices».

Al regreso de la India, a bordo del avión, preguntamos a Juan Pablo II si la Madre Teresa sería algún día santa y el Papa respondió: «¿Santa? ¡Si la Madre Teresa ya lo es!». ¡La había canonizado en vida!

El Papa la beatificó oficialmente seis años después de la

muerte de Teresa de Calcuta, el 19 de octubre de 2003. Fue una ceremonia multitudinaria y conmovedora. Cuando en la plaza de San Pedro el Papa pronunció en latín la fórmula de beatificación y en el balcón de la logia central de la basílica se descubrió el tapiz con la foto de la nueva beata, a cuantos tuvimos la suerte de conocerla nos recorrió por el cuerpo un escalofrío de emoción y alegría. Miré a Juan Pablo II, quien, al igual que todos los que llenábamos la plaza, tenía los ojos puestos en el rostro sonriente de una Teresa de Calcuta en los primeros años de su epopeya de caridad. Al Papa se le veía feliz. Había elevado al honor de los altares a la pequeña gran mujer que aconsejó a un mundo egoísta e insolidario que debía cambiar y ser mejor, y que para ello era necesario que todos dijéramos: «Esto es nuestro», y no «esto es mío» o «esto es tuyo».

Tuve la suerte inmensa de conocer a la Madre Teresa y de hablar muchas veces con ella. Una de esas ocasiones coincidió con la visita oficial de la reina Isabel II de Inglaterra al Sumo Pontífice. En el patio de San Dámaso, a la espera de la llegada de la soberana británica, se encontraba formada la Guardia Suiza en uniforme de gala, al mando del entonces comandante Alois Estermann. La Madre Teresa, que no sabía de la llegada de la reina, cruzó el patio para subir a la Secretaría de Estado; caminaba deprisa y azorada tratando de pasar inadvertida. Al verla, el teniente coronel Estermann me comentó después que cuadró a los soldados porque «aunque mis hombres aguardaban a la reina de la Gran Bretaña, estaba pasando la reina de la Caridad».

El papa Juan Pablo II confió a la Madre Teresa, dentro de los muros de la Ciudad del Vaticano, una casa para los más pobres que inauguró al regresar del viaje a la India. El Santo Padre quiso que en el Estado de la Iglesia hubiera un convento de clausura para rezar por la Iglesia y un lugar para acoger y dar de comer y vestir a los necesitados. Son el monasterio Mater Ecclesiae, donde actualmente reside Benedicto XVI, y la casa Dono di Maria. El día de la inauguración, el 21 de mayo de 1988, mientras esperábamos al Papa, un grupo reducido de periodistas hablábamos con la Madre Teresa. Alguien advirtió a la religiosa que el Santo Padre se retrasaría, y entonces me llamó (de hecho, me cogió literalmente por banda) y me invitó a entrar con ella en la capilla. «Vamos a pedir por mis pobres de Roma para que este Dono di Maria sea para ellos un hogar de alegría, y a rezar por el Santo Padre por el regalo tan maravilloso que nos ha hecho.» Permanecimos de rodillas dentro de la pequeña capilla. Al salir, me dio una medallita de hojalata de la Virgen Milagrosa y una estampa con la foto de Juan Pablo II con ella... Le pedí que me la dedicara. Me escribió: «Dear Paloma, God bless You», y firmó: «Mother Teresa». La guardo como un tesoro.

25

El Papa en Turquía

Aquel 28 de noviembre de 1979 Roma amaneció con un cielo gris cubierto de nubes que amenazaban lluvia, como si el día quisiera adecuarse a un viaje del Papa que se presentaba difícil, arriesgado, lleno de incógnitas y bajo la sombra amenazadora del terrorismo. Turquía vivía sangrientos enfrentamientos internos, y la cercanía del Irán de Jomeini estaba contagiando el espíritu laico de la República turca.

Las noticias que llegaban eran preocupantes. Los católicos, que eran una exigua minoría —en Ankara, la capital, había poco más de un centenar—, vivían su fe aislados y con el temor de ser blanco de los fundamentalistas islámicos. Desde que se anunció la visita de Juan Pablo II, los diarios turcos no dejaron de publicar artículos contra el Sumo Pontífice y se sucedían las críticas y las manifestaciones de protesta.

En las altas esferas políticas y diplomáticas, no sólo en el Vaticano, se consideraba prudente anular el viaje, o por lo menos aplazarlo hasta que la situación interna se estabilizara. Juan Pablo II no pensó ni por un instante en renunciar al viaje. Era una visita muy esperada.

El viaje, en aras de la ansiada unidad entre las Iglesias, se había programado, además, para que en Estambul, el 30 de noviembre, en ocasión de la festividad de san Andrés, patrón de la Iglesia ortodoxa, el Vicario de Cristo, sucesor de Pedro, se encontrara oficialmente con el sucesor de su hermano Andrés. Se trataba de un abrazo fraterno en la sede del Patriarcado de Constantinopla, en la iglesia de San Jorge en el barrio bizantino del Fanar, donde residía Su Beatitud Dimitrios.

Poco antes de embarcarnos, en el mismo aeropuerto de Fiumicino, leímos en los diarios la fuga de la cárcel militar de máxima seguridad de Karmal del terrorista Mehmet Ali Agca, condenado a muerte por el asesinato de Abdi Ipekçi, el director de *Milliyet*, el más importante y prestigioso diario turco. El homicida había enviado a los periódicos una carta abierta que recogía la prensa mundial con grandes titulares y en primera plana. Era evidente que se trataba de la provocadora amenaza de un fanático, pero demostraba también que tras Ali Agca había un complot bien organizado. Parecía impensable que hubiera podido, sin una potente ayuda del exterior, huir de Karmal, la prisión de máxima seguridad, «el Alcatraz turco».

En la misiva, con un lenguaje propio de un exaltado, el terrorista hacía saber «que el comandante de cruzadas Juan Pablo II llegaba invitado por los imperialistas occidentales porque en este momento tienen miedo de los turcos que, junto con los hermanos islámicos, representan la gran fuerza económica y militar en Oriente Próximo», y concluía advirtiendo que «si la visita del Papa no se cancelaba, lo mataría».

Conociendo los antecedentes y la trayectoria de este miembro de la organización extremista Lobos Grises, nadie puso en duda de que se trataba de una amenaza real, lo que se constató dos años más tarde. Lo que Ali Agca no logró en Estambul, lo intentó el 13 de mayo de 1981 en la plaza de San Pedro.

Llevábamos una hora de vuelo cuando Juan Pablo II vino a saludarnos. Se fue acercando a cada uno de nosotros, ya que el jefe de prensa del Vaticano prefería tenernos controlados en nuestros asientos, impidiendo así que molestásemos al Papa. «Tenía necesidad de emprender este viaje —nos dijo antes de comenzar a responder a nuestras preguntas—. Es algo que deseaba mucho y he tratado de hacerlo lo más pronto posible.»

Poco después, el Santo Padre explicará a un colega inglés «que era necesario por razones ecuménicas», y precisará «que se entra en una fase de diálogo nueva, porque las personas son diferentes. Antes era Pablo VI y Atenágoras, y ahora es un nuevo Papa y un nuevo Patriarca».

Al acercarse a la fila donde me encontraba, quizá porque yo tenía muy presente la carta del fanático Agca, le pregunté: «Santidad, ¿no tiene miedo? Porque ¡yo sí lo tengo!». Estaba tan segura de que Juan Pablo II había leído la noticia que ni siquiera le expliqué el motivo de ese «pánico». El Papa me miró con una serenidad que me impresionó y respondió: «Cuando el amor es más fuerte que el peligro, nunca se tiene miedo. Estamos en las manos de Dios».

Juan Pablo II bajó del avión en Ankara y lo recibió un gélido protocolo. Ondeaban dos banderas, la roja con la media luna del islam, y la blanca y amarilla con la tiara y las llaves petrinas. No había gente esperando al Sumo Pontífice; ni pancartas de bienvenida, ni un aplauso o un «Viva el Papa»; tan sólo una frialdad pasmosa a la que siguió la total indiferencia de los habitantes de la capital. Ankara fue la etapa política, con la visita oficial al presidente y el encuentro con el cuerpo diplomático, al que no acudieron los embajadores de Irán y de Pakistán. Sin embargo, sí estuvo presente el representante palestino de la Organización para la Liberación de Palestina (OLP).

Nada más llegar a Estambul, la ciudad de la etapa ecuménica, el Santo Padre visitó el palacio de Topkapi, residencia oficial del sultán hasta 1839. En Topkapi, durante el período de máximo esplendor, vivían cuatro mil personas, incluidas las que habitaban la zona del harén. Éste contaba con cuatrocientas estancias destinadas a las esposas, a las favoritas del sultán, a las esclavas y a los eunucos que eran los encargados de mantener el orden y la disciplina. Del imponente y legendario palacio repleto de oro y mosaicos, con los recuerdos personales del profeta Mahoma, el Papa se dirigió a la cercana Basílica de Santa Sofía, centro de la vida religiosa de Bizancio hasta que los turcos, al conquistar la ciudad, la transformaron en mezquita. Desde 1935 es un museo.

El Papa admiró en silencio la maravillosa sinfonía de mosaicos de uno de los más hermosos y venerados templos de la cristiandad. Se detuvo bajo la cúpula con la mirada puesta en la Virgen con el Niño y en Jesucristo Pantocrátor. Le hacía de cicerone el ministro de Cultura turco y le acompañaban diversas autoridades locales. Sin duda recordaban el escándalo que suscitó Pablo VI en su visita en 1967, durante la cual, y de forma inesperada, éste se arrodilló, lo que provocó tal indignación que en el Parlamento italiano las facciones nacionalistas exigieron que se pidieran explicaciones al Vaticano.

Con recelo pues, se aguardaba la actitud y el proceder de Juan Pablo II. El Papa rogó que le permitieran admirar los mosaicos para, en silencio y sin prisas, meditar sobre tanta belleza. Vimos cómo contemplaba la cúpula. Todos pensamos que estaba rezando, pero la admiración ensimismada del ilustre visitante halagó sobremanera a los turcos.

El momento más esperado del viaje, el abrazo entre el Papa y el Patriarca de la Iglesia ortodoxa, tuvo como escenario el pequeño jardín del Fanar, en presencia de los metropolitanos y diáconos. «Os doy la bienvenida a este histórico encuentro. Bendito sea el nombre de Dios que os ha traído hasta aquí», le dijo en griego Su Beatitud Dimitrios. Juan Pablo II le respondió en francés: «Este encuentro es ya un don divino». Juntos entraron en la catedral patriarcal de San Jorge, con las paredes que separan el altar repletas de iconos. La liturgia se inició con el canto del tedeum. Regresaron de nuevo juntos al día siguiente para celebrar la solemne y larguísima ceremonia eucarística, que duró cuatro horas. Juan Pablo II no pudo concelebrar pues seguía abierta la herida fruto de la separación entre las dos Iglesias, pero por primera vez, después de siglos, el Vicario de Cristo participaba en la liturgia del Patriarcado ortodoxo. Rezaron el padrenuestro y llamaron a Pedro, es decir, al Papa, como cuando eran una sola Iglesia, cuando lo denominaban «Corifeo» (aquel que dirige el coro).

El histórico encuentro culminó con la firma del documento que abría la fase del diálogo teológico entre la comisión católica y la ortodoxa, formada cada una por veintiocho miembros. Resultó ser un camino lleno de obstáculos, nada fácil, pero con el objetivo común de hacer realidad las palabras de Cristo *ut unum sint*, es decir, que seamos una sola cosa.

El Papa dejó Estambul con fortísimas medidas de seguridad: soldados armados con ametralladoras, tiradores especializados en los tejados del recorrido papal y policías de paisano. Prosiguió rumbo al aeropuerto de Esmirna para realizar la etapa mariana. La peregrinación a la ciudad de Éfeso donde, según la tradición, vivió la Virgen con el discípulo Juan y donde el III Concilio, en el año 431, proclamó a María «Madre de Dios», un concilio de una Iglesia indivisa, sin laceraciones internas, sin cismas ni recíprocas excomuniones.

El viaje, que había comenzado con tensión y amenazas de muerte, concluyó con esperanza. Comprendimos por qué Juan Pablo II lo había emprendido desafiando el peligro, contra viento y marea. No había ido para ser noticia sino para dar la prometedora noticia del reencuentro de las dos Iglesias hermanas; una misión de concordia y amor. Por ello, porque las razones de ese viaje eran más fuertes que el peligro que conllevaba, Juan Pablo II... ¡no tuvo miedo!

26

El Papa en Sri Lanka

*F*ue a principios de 1995 cuando Juan Pablo II visitó uno de los países más hermosos y exóticos del mundo, la llamada «perla de Oriente», la fascinante isla de Ceilán. Era la segunda vez en su pontificado que se adentraba en la zona del Pacífico. Había vuelto en misión pastoral a Filipinas, Papúa Nueva Guinea y Australia, pero sólo en este viaje y de regreso a Roma visitaba Sri Lanka; un paraíso repleto de especies animales, de exuberante vegetación, donde se encuentran yacimientos de piedras preciosas de un valor incalculable, entre ellas espléndidos rubíes y zafiros.

En el aeropuerto de la capital, Katunayake, el Papa fue recibido por las dos mujeres más poderosas e influyentes de la nación: la presidenta Chandrika Kumaratunga y su madre, la primer ministro Sirimavo Bandaranaike. Desde noviembre de 1994, el tándem madre-hija gobernaba este país, independiente de la corona británica desde 1948. Las dos damas, ataviadas con lujosos saris, aguardaban al pie de la escalerilla del avión.

Ambas fueron las primeras en dar la bienvenida al Santo Padre y manifestarle su agradecimiento y alegría por esa visita que esperaban contribuyera a dar un espaldarazo a su gobierno y centrara la atención internacional en el conflicto separatista que azotaba el norte del país.

Habían preparado un recibimiento cálido y espectacular. No sólo en el aeropuerto sino también por las calles de Colombo por donde pasaría el Santo Padre. Las adornaron con guirnaldas, flores exóticas, banderas, y no faltaron, a lo largo del recorrido, incluso majestuosos elefantes con las trompas adornadas con cintas doradas y el lomo cubierto con tapices multicolores. Una multitud aclamaba a Juan Pablo II a su paso y nos trasladó a todos a un escenario mágico sacado de un cuento de *Las mil y una noches* o de una de las películas de Bollywood.

Pero en esta isla, que el Papa llamó «perla del océano Índico», no todo era bonito y dulce. Desgraciadamente el terrorismo golpeaba sin tregua la región costera del nordeste, donde se atrincheraban los llamados Tigres del Tamil, integrantes de un sanguinario y cada vez más vasto movimiento de liberación que había elegido la lucha armada para ser una nación independiente.

Exigían la división de la isla y defendían su cultura, su lengua y su religión, sembrando el terror. Asesinaban sin piedad, llenando de cadáveres la región árida y seca, de llanuras saladas y sacudida por los vientos.

Sin esperar al encuentro en el palacio presidencial ni a la visita de cortesía que se iniciaría con el discurso oficial, sin aguardar a recibir el abrazo multitudinario de los habitantes de Colombo, en el mismo aeropuerto Juan Pablo II abordó el dramático problema. Se dirigió a todos, «tendiéndoles la mano de la amistad». «Vengo a esta nación que desde hacía muchos años deseaba visitar, a esta perla maravillosa, resplandeciente de belleza natural, orgullosa de su cultura, conocida por la proverbial hospitalidad y la sonrisa de sus gentes, como peregrino de concordia. Con el deseo de paz en mi corazón.» Aludió a la guerra civil que asolaba Sri Lanka, afirmando que «esperaba que su visita contribuyera a reforzar la buena voluntad entre todos». Para dar mayor énfasis a sus palabras, recurrió al texto sagrado del budismo, al Dhammapada, que recoge las enseñanzas de Buda y en las que se asevera «que una sola palabra de paz es mejor que mil palabras inútiles».

Juan Pablo II no podía obviar la tragedia, ni los actos de terrorismo que impedían al pueblo de Sri Lanka caminar por los senderos de la democracia y de la paz. Por ello, desde el primer instante en tierra cingalesa, hizo un vibrante llamamiento instando a «todos los que anhelaban la paz a perseverar y a no cejar en los esfuerzos en favor de una solución justa y pacífica del conflicto étnico que convulsiona y aterroriza la vida de la nación, causando destrucción, innumerables víctimas y atroces sufrimientos». Apeló a la colaboración de todos con el objetivo de acabar con la escalada de terror. Solicitó a los que estaban implicados en el enfrentamiento que rechazaran la violencia y no destruyeran las tradiciones asentadas en los valores de la tolerancia, la comprensión y la convivencia. Les instó a la búsqueda de la armonía que nace de la reconciliación y del respeto por la diversidad de los miembros de la sociedad. Al referirse a quienes apoyaban la política de acercamiento y de diálogo para acabar con las hostilidades y la agresión, implícitamente propugnó las iniciativas de la presidenta Chandrika. Ésta había prometido cambiar la Constitución e impulsar un sistema parlamentario que abriría el camino a la democracia, lo que para la región del Tamil podría traducirse en una autonomía real.

La visita papal coincidió con este proceso de cambio que ofrecía esperanzas de paz, aunque la modificación de la Constitución implicara retirar el poder absoluto al jefe del Estado en favor del primer ministro. Pero dada la distribución de los cargos políticos, aquello tan sólo suponía que la presidenta Chandrika renunciaba a su propio poder para depositarlo en manos de su anciana madre. Así pues, ¡todo quedaba en familia!

Finalizada la parte protocolaria, es decir, la visita del Papa como jefe del Estado Vaticano, Juan Pablo II inició su recorrido pastoral. El motivo real del viaje a Sri Lanka era la beatificación del misionero padre Joseph Vaz. «Un santo, un hombre de paz —dijo el Papa— que con su humildad, su bondad, la tolerancia y el respeto por todos mereció la consideración de budistas e hindúes, así como la veneración de los católicos de Sri Lanka.» En la homilía de la solemne misa que Juan Pablo II presidió en el Galle Face Green, partiendo de la figura y del ejemplo del nuevo beato, invitó a todos, en especial a los seguidores de Cristo, «a proseguir y trabajar en favor de la concordia y de la reconciliación con espíritu de servicio y solidaridad».

La visita del Papa en aquel 21 de enero coincidió con unos días de calor húmedo insufrible. Tratábamos de mitigarlo con paipáis y abanicos porque en la sala de prensa ni el aire acondicionado refrescaba la atmósfera. ¡Y no digamos en la calle! Pensábamos en el Papa, quien estaba acostumbrado al frío de su Polonia natal. En Roma, sufría muchísimo el calor del verano pero no era comparable al que hacía ese día en Sri Lanka.

Mientras circulaba lentamente por las calles en el papamóvil, encerrado entre cristales antibalas, saludando y bendiciendo a la gente que se agolpaba en las aceras, vimos que se pasaba a menudo el pañuelo por la frente para secarse el sudor. Debía de sentirse como los Macabeos condenados a morir en un horno cuando, de improviso, el coche se paró a mitad de trayecto delante de una pequeña iglesia católica. El Papa se bajó y entró en el templo. No era una visita programada ni había nadie esperándole en la entrada. Desconocíamos el motivo de la rápida e inesperada escapada que duró apenas diez minutos.

Años después del viaje, supe la razón de la sorprendente «parada». La causa, o mejor dicho el culpable, fue el sistema de refrigeración del papamóvil. Se había estropeado, y el conductor, al manipularlo para ponerlo al máximo del frío, se quedó bloqueado en el ¡máximo del calor! A los cuarenta grados de la temperatura en la calle, se unió la calefacción del vehículo, por lo que Juan Pablo II se vio envuelto en un baño de masas y de sudor. Tuvo que entrar en aquella iglesia desconocida que encontró en su camino hacia el lugar donde se llevaría a cabo la beatificación para refrescarse. El comentario que hizo de aquel inesperado momento demostró de nuevo el sentido del humor de Karol Wojtyla. Con divertida ironía, Juan Pablo II dijo al jefe de seguridad, al inolvidable Camillo Cibin: «Ha sido la primera vez que el Papa entra en una parroquia y no le espera ni el párroco, ni el sacristán, ni siquiera un feligrés...».

La visita a Sri Lanka, a la antigua y bellísima Ceilán, fue breve pero intensa. La acogida fue de una cortesía exquisita y las dos primeras damas demostraron en todo momento su agradecimiento al Papa. Organizaron el encuentro a la perfección tratando de que la estancia de Juan Pablo II resultase inolvidable para el Sumo Pontífice. En la despedida, incluso unos elefantes doblaron las patas delanteras, como si se arrodillaran al pasar el Santo Padre. El pueblo cingalés le dijo adiós gritando la palabra «Ayubowan», augurio de buenos deseos, de una larga vida de paz; esa paz de la que fue mensajero Juan Pablo II; la paz que ansiaban con todo el corazón los hijos de la tierra del león, cansados de luchar contra sus hermanos, los Tigres del Tamil.

27

Brescia y Uganda

Entre las innumerables cartas que se recibían diariamente en la secretaría privada del Papa, llegó una especialmente conmovedora y triste. La escribía el párroco de un pueblecito de Brescia, que informaba que iría a Roma acompañando a un joven enfermo terminal de cáncer.

El muchacho no quería morir sin recibir la bendición del Papa y, a pesar de su gravísimo estado, viajaría en ambulancia para asistir el miércoles a la audiencia general. Era hijo de una familia modesta del pueblo, tan apreciada y querida que los parroquianos habían organizado una colecta para costear el viaje. El sacerdote explicaba en la carta que el médico había aconsejado llegar a Roma dos días antes para que el paciente se repusiera de la fatiga y solicitaba cuatro invitaciones para acceder al lugar destinado a los enfermos, ya que le acompañarían también su madre y el médico. Éste temía que la emoción y el desplazamiento afectaran al estado del muchacho.

La carta era tan conmovedora que el secretario se la pasó al Santo Padre junto con la correspondencia importante y urgente. Tras leerla, Juan Pablo II pidió que llamaran inmediatamente al sacerdote y le hicieran saber que, en cuanto el enfermo llegase a Roma, se lo comunicasen a don Stanislaw. El Papa quería conocer el estado del muchacho tras el viaje ya que, si éste se encontraba con fuerzas, el Santo Padre deseaba verle sin aguardar al día de la audiencia general.

El sacerdote siguió las instrucciones, y, pocas horas después de llegar a la capital, el muchacho entró por la Puerta de Santa Ana y subió en silla de ruedas por el patio de San Dámaso al apartamento pontificio.

Se le notaba agotado, pero feliz de poder realizar lo que sabía era su último deseo. El encuentro con el Santo Padre estuvo cargado de ternura y emoción. El joven presentaba un aspecto muy débil y una delgadez extrema; apenas tenía fuerzas para hablar. El encuentro fue breve: rezaron juntos en la capilla y luego el muchacho recibió la bendición del Papa. Al despedirse de Juan Pablo II, con las lágrimas empañándole los ojos, se quitó la medalla que llevaba colgada al cuello y la puso en las manos del Papa. «Santo Padre, gracias por su cariño, por haber hecho posible que se cumpliera mi gran deseo. No quería morirme sin recibir su bendición. Ahora ya puedo morir tranquilo. Guárdemela. Me la devolverá en el Paraíso. *Arrivederci*, santidad... ¡Nos veremos en el Cielo!»

Al día siguiente, el agotamiento del viaje y la emoción agravaron el estado del enfermo y el médico aconsejó regresar al pueblo sin esperar a la audiencia del miércoles.

Pocas semanas más tarde, el párroco del pueblecito de Brescia volvió a escribir al Papa, esta vez para comunicarle que el joven había fallecido. Antes de expirar, el muchacho había pedido al sacerdote que volviera a darle las gracias a Su Santidad por haberle recibido y le suplicaba que no lo olvidara en sus oraciones.

Juan Pablo II rezó por él en la misa que cada mañana celebraba en la pequeña capilla a las siete. Lo encomendó al Señor, como hacía con todas aquellas personas que se lo pedían; al igual que le confiaba las súplicas, el dolor, los problemas que angustiaban a los miles de fieles que le escribían. La hermana Germana, que se ocupaba habitualmente de la austera capilla-oratorio, tenía el encargo también de dejar las peticiones sobre el reclinatorio, delante del altar, frente al Santísimo.

Arrodillado en el reclinatorio en el que está esculpido un pelícano, símbolo de caridad, Juan Pablo II pasaba muchas horas del día meditando y rezando por todas aquellas personas que necesitaban de su ayuda. Una manera de acercarlas al Señor y de sentir él mismo su proximidad.

Del afecto paterno, de la cercanía del Papa por los más necesitados, por los enfermos en el cuerpo y en el alma hay infinidad de anécdotas. También hay un sinfín de episodios relacionados con sacerdotes, misioneros que le escribían, confiándole a menudo las dificultades, las tentaciones que encontraban en su labor pastoral, las dudas que les asaltaban, la soledad que a algunos se les hacía insoportable... Juan Pablo II leía y releía estas cartas que le causaban un gran dolor, y pedía a Dios para que les ayudara a superar estos difíciles momentos, que les hiciera percibir su infinito amor y misericordia. Les recordaba, como había dicho en tantas ocasiones, que «hay siempre pecadores para perdonar, lágrimas que enjugar, desilusiones que consolar, enfermos que confortar, niños y jóvenes que guiar. Que hay siempre un ser humano que, en nombre de Cristo, se debe amar y salvar. Es la vocación que infunde alegría y valor». Les aseguraba «que la humanidad tiene necesidad de ellos porque el sacerdote es quien transmite la vida divina a los hombres y, aunque sea débil, imperfecto y nunca estará a la altura de la confianza que Dios ha depositado en él, su fuerza y su riqueza derivan de la misión que tiene de santificar a los hombres, nutriéndolos de Dios».

Son palabras pronunciadas por Juan Pablo II, concretamente en encuentros con sacerdotes y seminaristas, y que refuerzan un episodio que me contaron en diferentes versiones. Una relataba que el Papa había encontrado en la plaza de San Pedro a un sacerdote hecho un pordiosero y le había invitado a su casa; otra, que estuvo hablando con él mucho tiempo e incluso lo confesó... Debo reconocer que me parecían fruto de la imaginación de algunos, y las dos versiones me resultaban poco creíbles.

Hasta que el prestigioso vaticanista del diario *La Stampa* de Turín, Andrea Tornielli, en el libro *Santo Subito*, narra el episodio revelando además la fuente. Lo sucedido, tan surrealista como real, ocurrió el día en el que un obispo italiano llegó al Palacio Apostólico, invitado a almorzar con el Papa. Acudió al apartamento pontificio un poco más tarde de la hora que le habían citado. Se disculpó por el breve retraso explicando que había encontrado en la plaza de San Pedro, junto a una de las columnatas de Bernini, a un presbítero de su diócesis que hacía diecisiete años había abandonado el ministerio sacerdotal, lo que vulgarmente se dice «había arrojado la sotana a las ortigas». No había vuelto a verle, y la última noticia que le dieron de él era que se había convertido en un pobre vagabundo sin paradero fijo.

Al encontrarle en la plaza en condiciones tan miserables, se detuvo junto a él y le preguntó cómo podía ayudarle y qué había sido de su vida en esos diecisiete años. Tras escuchar el relato de lo sucedido, el Sumo Pontífice pidió al obispo que volviera a la plaza, buscara al sacerdote y le dijera que el Papa le estaba esperando para compartir con ellos el almuerzo. Según Tornielli, «el pordiosero, cohibido, confuso, abochornado, se sentó a la mesa y comió con el Papa. Al terminar, Juan Pablo II le preguntó si podría confesarle... El mendigo dijo que sí, con la incredulidad y la alegría reflejadas en su rostro. Después de aquel encuentro, escribe el autor del libro, sin que se le preguntara nada sobre su pasado, volvió a su ministerio sacerdotal. Así era Karol Wojtyla, el hombre «inmerso en Dios».

Entre mis recuerdos ha quedado grabado el viaje a Uganda, sobre todo el encuentro en Kampala, en el hospital Nsambya, con los enfermos de sida, la enfermedad que hacía estragos en ese país. El año de la visita papal, en febrero de 1993, los diarios de la capital estaban repletos de esquelas de gente joven, y las carpinterías en las calles y en las afueras, atestadas de ataúdes a módicos precios. La industria de las cajas de los muertos era una de las más florecientes. La epidemia del virus VIH había convertido a Uganda en un país de huérfanos. Asistir a un funeral era un acto cotidiano...

En Uganda en aquellos años, se moría de hambre, de sida o a manos de la guerrilla. Para mostrar su apoyo a los enfermos y a los familiares del misterioso mal, Juan Pablo II estuvo en el hospital Nsambya, donde un tercio de los internados sufría el flagelo del siglo. Los datos oficiales hablaban de un 11 por ciento de la población seropositiva. Sólo en la región de Rakai, frontera con Tanzania, el 70 por ciento de los habitantes eran portadores del virus y la misma proporción se registraba entre los soldados de un ejército que había combatido en una terrible guerra civil durante veinte años. El Papa tomó contacto con la realidad dramática del sida en este centro sanitario católico, el mayor y más prestigioso de Kampala.

En la entrada le esperaban para recibirle un grupo de niños todos contagiados por el virus, de ahí que los ugandeses los llamasen «the slim», el mal de la delgadez. Una niña de cuatro años le dio la bienvenida con un ramo de flores. Era uno de los cuarenta y cinco mil pequeños enfermos de sida, que les había transmitido las propias madres cuando eran bebés. De la entrada, el Papa pasó a las salas donde estaban hospitalizados los enfermos terminales... y de allí siguió en el patio central donde, en su discurso, hizo un apremiante llamamiento al mundo científico.

«Apelo a cuantos trabajan en la investigación del sida para encontrar una respuesta eficaz de la ciencia para combatir esta enfermedad. Que no tarden en hallarla y sobre todo que no permitan que razones comerciales desvíen sus generosos esfuerzos.» Junto con los dirigentes, los médicos, el personal sanitario y los voluntarios, alrededor de un centenar de enfermos en silla de ruedas escuchaban el discurso del Santo Padre. Uno de ellos, con el rostro marcado por las huellas del terrible virus, era sacerdote ya que llevaba un alzacuellos. Le pregunté entonces a la religiosa del Sagrado Corazón, que había sido mi profesora en el colegio en Madrid y que ahora trabajaba en ese hospital, si aquel cura había contraído el sida en una transfusión de sangre. Me respondió que había sido por contagio sexual y quería no sólo estar presente en el encuentro con el Papa, sino que el Santo Padre y todos supieran que era un sacerdote que había cometido pecado. «Nos ha dicho —me explicó la madre Concepción— que deseaba decirle al Papa que estaba arrepentido y que aguardaba su consuelo y su perdón.»

Terminada la alocución, a él fue al primero que se acercó Juan Pablo II. Le habló, lo abrazó y le bendijo en la frente. Después saludó a los responsables y a los jefes del hospital.

28

El Papa en el Zaire

África, el continente olvidado, estuvo siempre muy dentro del corazón de Juan Pablo II. En las trece veces que lo visitó, besó la tierra de cuarenta y dos países, algunos tan pobres como Malí, Guinea Conakry, Togo, Malaui, el Chad... Otros que acababan de sufrir largas guerras fratricidas como Angola, Mozambique o Sudán... o como Ruanda y Burundi, un cruel genocidio...

Juan Pablo II fue dos veces a la República de Burkina Faso; la primera en 1980 cuando se denominaba Alto Volta. Estuvo allí entre la visita a Ghana y Costa de Marfil. Permaneció apenas dos horas, el tiempo de celebrar la misa en la explanada central de Ouagadougou.

Al bajar del avión lo recibió una fuerte ventisca de arena del desierto que avanzaba inexorable sembrando muerte y carestía. El Papa visitó la capital de este prácticamente desconocido país para que el mundo supiera que miles de habitantes, en ese rincón del continente negro, no tenían ni agua para beber y se morían de sed, porque hacía diez años que no llovía.

Durante la homilía, Juan Pablo II se hizo portavoz de todos aquellos a los que les faltaban el agua y el pan, y lanzó un llamamiento angustioso y dramático para que no se llegara al extremo de una sequía bíblica y que la arena trajera la muerte. «Os suplico, porque no puedo callar cuando mis hermanos están amenazados. Imploro al Señor para que la voz de la justicia y de la caridad prevalezca sobre la del egoísmo individual y colectivo.»

Juan Pablo II visitó hasta tres veces muchas de las repúblicas africanas. Fue el caso de Kenia y Costa de Marfil, dos veces Benín, Nigeria y Zaire. El Papa llegó en mayo de 1980 al ex Congo Belga, actualmente República del Zaire. El país estaba bajo la dictadura del general Mobutu, y el Santo Padre fue para celebrar el centenario de la evangelización. Era su primera visita pastoral a África, y en el espacio de diez días estuvo en el Zaire, en el Congo-Brazzaville, en Kenia, en Alto Volta y en Costa de Marfil. Un maratón que inició en la ciudad de Kinshasa, donde desgraciadamente la fiesta se transformó en una masacre. Acogieron a Juan Pablo II con el entusiasmo, la alegría exuberante de un pueblo que da la bienvenida con danzas, música y cantos. A modo de homenaje y en un gesto de cariño, las mujeres (al igual que en todos los viajes a este continente) lucían pareos confeccionados para la ocasión, con telas multicolores estampadas con la foto del Papa y el saludo en la lengua local.

En la capital zaireña Juan Pablo II celebró la primera misa en la explanada delante del palacio residencial del presidente Mobutu, quien para poder recibir la comunión de manos del Santo

Padre legalizó su situación de pareja. La víspera de la llegada del Papa, se casó, naturalmente por la iglesia, con la señora Bobi Ladawa con la que hacía años vivía *more uxorio*.

Muchas horas antes de iniciar la liturgia, en las verjas cerradas se agolpaba una multitud a la espera de que se abrieran para acceder al recinto. Al abrirlas la policía, la gente —casi un millón de personas— empezó a empujar provocando que los primeros que estaban en la entrada se cayeran. Se oyeron gritos de dolor, de miedo... Los agentes impartían órdenes por doquier. Se originó un gran caos, y en la avalancha muchas personas se desmayaron y fueron pisoteadas. El tapón humano desencadenó la tragedia. El balance fue de nueve muertos y quinientos heridos, ochenta de ellos gravísimos.

El gobierno ocultó lo sucedido y nunca dieron explicaciones. Ni siquiera la televisión dio la noticia. Al ignorar esto último, el Santo Padre prosiguió el programa establecido, y quizá no lo habría sabido durante su estancia en el Zaire, si un misionero y un médico católico del hospital no hubieran informado al séquito papal. El general Mobutu temía que si el Sumo Pontífice se enteraba de lo ocurrido, anulara la recepción que daba en su honor. Como así fue. No obstante, al restar importancia a la tragedia, Mobutu impidió la visita del Papa al hospital. Juan Pablo II tuvo que resignarse; el gobierno sólo permitió que el secretario de Estado, el cardenal Agostino Casaroli, en nombre del Santo Padre, transmitiera a los heridos y a las familias de los fallecidos el dolor y las oraciones del Papa.

Al día siguiente, a bordo del barco navegando por el río Congo con destino a la cercana república marxista leninista del Congo, y ya en aguas territoriales de este país, el Papa envió un mensaje de consuelo y afecto a las víctimas y a las familias afectadas por la tragedia. Les decía con palabras claras y sin ambages que había deseado ardientemente haberles bendecido y consolado personalmente, pero que le había sido completamente imposible, y añadió: «No se me permitió».

Cinco años más tarde, el Papa regresó al Zaire. Del 8 al 19 de agosto de 1985 visitó siete países: Togo, Costa de Marfil, Camerún, República Centroafricana, Zaire, Kenia y Marruecos. Llegó a Kinshasa tras una escala de seis horas en Bangui, la capital del sanguinario Bokassa, donde celebró la misa en la avenida de los Mártires, la calle dedicada a los ciudadanos y a los cien estudiantes asesinados en 1979 por orden del dictador, que se autoproclamó emperador; ¡Bokassa, el Napoleón de África!

Fue un día agotador: más de un país en una misma jornada y sin apenas descansar. Al día siguiente, festividad de la Asunción, en la misma explanada escenario de la desgracia, presidió la solemne y larguísima misa de beatificación de sor Anuarite Nengapeta, una religiosa de veintitrés años, la María Goretti zaireña, asesinada a bastonazos y acuchillada por los soldados del comandante Openge Olumbe.

Anuarite defendió su virginidad, y ciego de odio, el jefe de los rebeldes simba ordenó que la mataran... Sor Nengapeta murió perdonándole. Openge Olumbe, que había pagado su cri-

men con cinco años de cárcel, asistió a la ceremonia de beatificación para demostrar, con su presencia, su profundo arre-
pentimiento. En la homilía, al recordar la figura de la beata mártir, Juan Pablo II ofreció al homicida arrepentido el perdón en
nombre de la Iglesia.

Al concluir la misa, que duró alrededor de cuatro horas, el
Papa regresó a la nunciatura apostólica donde residía y donde,
en el despacho del nuncio, Radio Vaticano había instalado el
estudio-redacción. Desde ese mismo lugar yo también transmitía las crónicas para la COPE. Era el 15 de agosto, fiesta de la
Asunción, y en Madrid, el día de la Virgen de la Paloma. Por
supuesto, ninguno de los que se encontraban conmigo tenía
idea de la festividad de la copatrona de la capital de España, y
por lo tanto nadie sabía que era el día de mi santo. Decidí co-
mentarlo y así, estando tan lejos de casa, alguien en el Zaire me
felicitaría.

Lo que jamás pude imaginar era que la información llegaría
a oídos de Su Santidad. Cuál fue pues mi sorpresa cuando, en
el vestíbulo de la entrada, donde habían preparado un bufet
para el séquito del Papa y los enviados de Radio Vaticano, apareció Juan Pablo II. Iba acompañado por el secretario, don Stanislaw, y por el responsable de los viajes papales, el jesuita padre Tucci, hoy cardenal. Todos nos pusimos en pie, sorprendidos
por la inesperada presencia del Sumo Pontífice. El Santo Padre
me hizo un gesto para que me acercara. «He sabido —me dijo—
que hoy es el día de la Madonna de la Paloma y he querido ben-
decirte y felicitarte...»

La jornada prosiguió con una serie de ceremonias, actos, encuentros y concluyó de nuevo en la nunciatura, con la cena que el Papa compartió con los obispos de los países de esta zona del África ecuatorial. En la entrada habían colocado largas mesas, lo que me permitió observar discretamente a los comensales por una rendija de la ventana del despacho. Terminada la cena, todos en pie, cogidos de la mano, entonaron en latín el padrenuestro.

Se despidieron uno por uno del Papa y la casa quedó en silencio. Juan Pablo II había subido a su dormitorio en el primer piso y solamente el técnico de Radio Vaticano se quedó conmigo en el despacho para ayudarme con la transmisión de la crónica de la noche y desmontar los micrófonos y el material que había que llevar a Kenia, el siguiente país del periplo papal. Tenía todavía algo de tiempo y decidí salir al vestíbulo y tomar algún resto de la cena. Me senté en un rincón de espaldas a la escalera, cuando vi al Santo Padre bajar los escalones y dirigirse a la capilla junto al despacho.

Entró y cerró la puerta... Estuvo dentro por lo menos tres cuartos de hora, el tiempo que el técnico Enzo Pettita tardó en desmontar el equipo y yo en transmitir la última crónica para la cadena COPE. Salimos del despacho en el mismo momento que Juan Pablo II dejaba el oratorio para subir al dormitorio. Caminaba muy despacio; en su rostro se reflejaba el cansancio, el agotamiento de días intensos, de una jornada tremendamente fatigosa. No se imaginaba que a esas horas alguien estuviera todavía despierto; por eso, al pasar junto a nosotros dos, levantó la mirada y me vio. Imagino que proyectó su cansancio en el mío porque con un susurro me dijo: «Hija, todavía estás trabajando por mi culpa... ¡Perdóname!».

Jamás olvidaré el Zaire. El primer viaje lo empañó la tragedia. El segundo me dio la medida de la grandeza, la ternura y la humanidad de un Papa inolvidable.

29

En el avión del Papa

Viajar en el avión del Papa es un privilegio y una experiencia imborrable. Juan Pablo II ha sido, sin duda, el Papa más viajero de la Historia. Los amantes de las estadísticas han calculado que si se cuentan los kilómetros recorrió treinta y seis veces la vuelta al mundo. El Santo Padre vuela acompañado por su séquito, compuesto por unas treinta personas, entre ellas cardenales, monseñores de la Secretaría de Estado, personal encargado de la seguridad y enviados especiales de la radio, de la televisión y del diario de la Santa Sede.

En la cola del avión viajamos los periodistas, los llamados «corredores del cielo». Alitalia y las distintas compañías aéreas encargadas de llevar en sus alas al Sumo Pontífice siempre se han volcado con la prensa y han soportado estoicamente y con la sonrisa en los labios nuestras exigencias informativas, las manías de algunos y la indisciplina de otros.

En los primeros viajes de Juan Pablo II, un colega estadounidense fue denominado «el enano saltarín» ya que era bajo de estatura pero, en cuanto Juan Pablo II se acercaba al sector de los periodistas para la ya tradicional rueda de prensa aérea, «il piccoletto», como también lo bautizaron los italianos, saltaba como un mono por encima de los respaldos de los asientos para acercarse lo más posible al Santo Padre.

Asimismo, un colega de un diario británico, deportista nato, en el viaje a Brasil y en el larguísimo periplo Roma-Pakistán-Filipinas-isla de Guam-Japón y Alaska en febrero de 1981, dedicaba unos quince minutos cada hora de vuelo a hacer footing. Se movía por el pasillo del DC 10 o del Jumbo como si estuviera en Hyde Park, dificultando el servicio de las azafatas, en particular en el momento de servir las comidas.

A bordo del avión se escribe, se envían crónicas, se llama por teléfono a las redacciones... sobre todo los enviados de las agencias que luchan por ser los primeros en contar con todo detalle lo que está pasando en el avión, convertido en el Palacio Apostólico.

En el vuelo papal el momento más esperado es el encuentro con el Santo Padre. Por ello y para ello se paga un billete muy caro. En algunos viajes, el precio ha sido superior al de la clase preferente, incluso Grand Class. Con Juan Pablo II la rueda de prensa aérea, en la que nunca hubo un *off the record*, surgió por pura casualidad. En un principio, no estaba permitido hacerle preguntas. El Sumo Pontífice, nos explicó el portavoz vaticano, vendría a la zona de los periodistas y fotógrafos tan sólo a saludarnos. El corresponsal, creo recordar, de *The Financial Times* se saltó la disposición protocolaria y le preguntó a Juan Pablo II si tenía en programa ir a Estados Unidos. El secretario de Estado

y los otros dos monseñores que acompañaban al Papa palide-
cieron, mientras que el Santo Padre, de la forma más natural del
mundo, le respondió en inglés. Roto el fuego, cada uno de nosotros, al acercarse el Papa, le interrogaba sobre una cuestión, la
mayoría relacionadas con problemas internacionales candentes.

Durante la guerra de los Balcanes, muchos se preguntaban
si era ético y conveniente entrar en el conflicto y acudir en ayuda de los habitantes de Bosnia-Herzegovina, que estaban siendo exterminados por la violencia étnica de Serbia. En el año
1994 el Papa viajó en misión de paz a la capital de Croacia, a
Zagreb. Todavía no sé cómo se me ocurrió hacerle esa pregunta
precisamente tan comprometida desde un punto de vista diplomático, pero una vez más Juan Pablo II no temió contestar
a un tema espinoso: «Es una cuestión evangélica —respondió—, aunque la manera de entenderla sea poco evangélica. Si
veo a un ciudadano perseguido, debo ciertamente defender-
le. Se trata de una obra de caridad. Es así como entendemos la
"injerencia humanitaria". Situaciones similares se registran en
Bosnia, pero también en África. No olvidemos que san Pablo
decía que siempre debe predicarse con el ejemplo, aunque a
veces se dicen cosas que no gusta escuchar».

La respuesta, que levantó un mar de interpretaciones y polémicas, la recoge mi colega y amiga Angela Ambrogetti en su libro, editado por la Editrice Vaticana *Campagni di viaggio. Inter-
viste al volo con Giovanni Paolo II.* Un volumen que el cardenal
Tucci, responsable de la organización de los viajes del Papa,
definió como «un tesoro que se esconde en el archivo sonoro

de Radio Vaticano, y que Angela, con una paciencia de santo Job, ha extraído». El archivo contiene miles de cintas grabadas con la voz del Papa. Son de un gran valor para la Iglesia pero, en especial, las ruedas de prensa de Juan Pablo II, rumbo a naciones de los cinco continentes, representan documentos importantes y están repletas de anécdotas.

En el primer viaje a Polonia yo misma le pregunté: «Santidad, ¿cuándo vendrá a España? Todos le estamos esperando». Me contestó sonriendo: «No creo que todos...». Nunca pude imaginar que una pregunta tan inocente suscitara un avispero de interpretaciones en España y se analizara en clave política. Aquel «no creo que todos» fue objeto de debate entre los partidos, intentando descifrar a quiénes se había referido el Papa. Creo sinceramente que Juan Pablo II tan sólo quiso decirme que no exagerase, que no todos son felices con lo mismo.

En los primeros viajes Juan Pablo II me llamaba «Televisión Española», pero a fuerza de verme en todos los vuelos, terminó llamándome por mi nombre. Con el sentido del humor que le caracterizaba, transcurridos trece años, en el viaje número 56 volando a Santo Domingo, me preguntó: «¿Qué significa para una mujer trece años de viajes?». «Santidad —repliqué—, ser más vieja y tener alguna arruga más pero... "apostólica".» No se esperaba esa respuesta, por lo que se echó a reír.

En muchas ocasiones las preguntas encerraban respuestas comprometidas, como al interrogarle si estaría dispuesto a encontrarse con Gorbachov. Faltaban años para que cayera el muro de Berlín y era impensable que el líder soviético visitara al

Sumo Pontífice, pero, ya en 1986, rumbo a la India nos hizo saber que ese encuentro «era posible porque el Papa recibía a quienes deseaban verle. Si un líder político consideraba útil y justo encontrarle, el Papa siempre estaría dispuesto a recibirle».

Volando a La Habana, no eludió temas difíciles como la revolución castrista o hablar de Che Guevara. «¿Cómo se pueden armonizar la revolución de Cristo con la de Fidel?», preguntó un periodista italiano, a lo que Juan Pablo II precisó el significado de la palabra «revolución», aclarando que «la del líder cubano era comparable a la de Lenin, nunca a la de Cristo. La revolución de Cristo quiere decir revolución del amor, mientras que la otra es la revolución del odio, de la venganza y de las víctimas». Del Che tenía la convicción «de que quiso servir a la causa de los pobres, y en todo caso era Dios, el Tribunal del Señor, quien juzgaría sus méritos».

Con el transcurrir de los años, en este caso de los vuelos, la salud del Papa se fue deteriorando. Ya no venía a saludarnos a cada uno, sino que permanecía en la entrada de nuestra zona y el portavoz Navarro Valls elegía quién le haría la pregunta. Dos veces, sin embargo, fue el Papa quien me escogió dándome la oportunidad de preguntarle... Una de ellas, volando a Corea, pregunté si tendríamos la alegría de ir a Pekín. El Papa aseguró que China estaba muy cerca de su corazón, pero que era demasiado pronto para pensar en ir a Pekín. Deberíamos tener paciencia, añadió. Fue entonces cuando todos dijimos a coro que queríamos ir a China... Riendo, afirmó que nos dejaba ir a China... ¡Que teníamos su permiso!

Una de las veces sucedió algo increíble. En lugar de una pregunta, un periodista, emulando a Pavarotti, le dijo al Papa que deseaba ofrecerle el *Ave María* de Schubert ¡en polaco! En pleno vuelo, el DC 10 se convirtió en la Scala de Milán. Todos aplaudimos y Juan Pablo II agradeció el canto diciendo que «se había coronado un encuentro con los periodistas entonando la plegaria a la Virgen».

«¿Y cuándo tendremos un encuentro en tierra firme? ¿Cuándo nos invitará a Castelgandolfo?», preguntó Marco Politi, del diario *La Repubblica*. El Papa se echó a reír, y haciendo un buen quiebro respondió: «¡Cuando os lo merezcáis!». Y es que no siempre y no todos, cuando informaban sobre el Papa, se ajustaban a la verdad. Por eso, en otro vuelo, al preguntarle a Su Santidad «cómo se encontraba, y si se sentía en forma», respondió que ciertamente tenía más años que en 1979, pero sin duda la Providencia le cuidaba, y añadió: «Además, cuando quiero enterarme de mi estado de salud y saber algo sobre las operaciones quirúrgicas a las que tengo que someterme, leo lo que escribe la prensa».

Ruedas de prensa que revelan la espontaneidad, la capacidad de Juan Pablo II de contestar en distintos idiomas... Respuestas que demuestran que el Papa no temía a «los corredores del cielo» y que han permitido conocer más profundamente al Santo Padre: su sencillez, su grandeza, y ante todo y sobre todo su capacidad de hablar de Dios al mundo.

30

Juan Pablo II, por fin en España

Si en el diccionario de la Academia de la Lengua se busca la palabra «milagro» se constata que es «un acto de poder divino superior al orden natural». La Iglesia considera un milagro todo suceso, generalmente una curación, que sea instantáneo, absolutamente inexplicable para la ciencia y duradero en el tiempo. Requiere un análisis a través de minuciosos procesos y pasar el examen de tres comisiones: la de médicos, la de teólogos y la de cardenales... amén (nunca mejor dicho) de contar con un postulador que estudia el hecho y lo presenta ante la Congregación en la Santa Sede que se ocupa de las causas de los santos.

Concluido este *iter* que puede durar años, es el Sumo Pontífice quien tiene la última palabra, firmando el decreto y fijando la fecha en la que se proclamará la santidad del aspirante a los altares. Ninguno de los episodios que voy a narrar puede considerarse algo milagroso pero sí son anécdotas que llegan directas al corazón, y todas ellas, además, están vinculadas con Juan Pablo II.

Una de estas historias tiene una fecha histórica: 1982. Por primera vez un Papa vino a España. Del 31 de octubre al 9 de noviembre, en un *crescendo* de entusiasmo popular, Juan Pablo II visitó catorce ciudades. Tendría que haber venido antes, pero el atentado en la plaza de San Pedro obligó a aplazar el viaje, y las elecciones que dieron el triunfo a Felipe González hicieron que la visita pastoral se retrasara otros veinte días.

El Sumo Pontífice llegó a la catolicísima España tras realizar quince viajes por el mundo: después de México, Alemania, Turquía, Estados Unidos, África... incluso Suiza y el minúsculo Estado de San Marino. «Y a España, santidad, ¿cuándo vendrá?», le preguntaba yo de forma insistente pero respetuosa cada vez que iba a vernos en el avión. Incluso en una ocasión me atreví a decirle a fin de animarle: «¡Que santa Teresa me ha confiado que le está esperando!». El Papa sonrió y me aseguró que pronto iría.

Cumplió su palabra. El Papa celebró en Ávila el cuarto centenario de la muerte de Teresa de Jesús. En el monasterio de la Encarnación, la madre Magdalena de Jesús, priora del mismo monasterio donde lo había sido en el siglo XVI Teresa de Jesús, reformadora del Carmelo, acogió al Papa con las palabras con las que se dirigía al sucesor del apóstol Pedro, santa Catalina de Siena, «Dulce Cristo en la Tierra».

Del primer viaje del Papa a España conservo innumerables recuerdos y vivencias, pero sobre todo lo que aconteció en

Alba de Tormes, donde una señora con mantilla y traje negro se acercó al Santo Padre para entregarle la capa de tuno de su hijo Víctor, estudiante del último año de Medicina en Salamanca. El muchacho había fallecido recientemente y, entre los papeles de Víctor, la familia encontró una carta en la que pedía a su madre que donara la capa de tuno al Papa porque, escribió con letra insegura y temblorosa, «cuando llegue el Santo Padre yo ya no estaré». Pensaron que yo podría ayudarles a cumplir el deseo del muchacho, y la hermana me envió la carta, certificada y urgente. La recibí la víspera de embarcarme en el avión de Alitalia rumbo a Madrid. Me la metí en el bolsillo de la chaqueta con la intención de hacérsela llegar al Santo Padre a través de Arturo, el fotógrafo, o del jefe de seguridad. No imaginé que me permitiría el enorme privilegio de dársela en mano a Su Santidad.

Una hora después de emprender el vuelo, el Santo Padre me mandó llamar. El avión había entrado en el espacio aéreo de España, y dos cazas del Ejército del Aire lo escoltaron por orden del rey hasta aterrizar en el aeropuerto de Barajas. Me encontraba ya en el sector reservado al Sumo Pontífice, cuando el comandante Barchitta salió de la cabina para comunicar a Juan Pablo II, de parte de la torre de control, que todas las campanas y las sirenas de los barcos en las islas Baleares se habían echado al vuelo a modo de bienvenida.

Me acerqué al Papa y le agradecí que por fin viniera a España. Tantas veces se lo había pedido que estoy segura que quiso, lo que se dice, «darme ese gustazo». Al despedirme, antes de marcharme, le entregué la carta de Víctor. «Santidad —le dije—, no se baje sin leerla.»

No sólo la había leído sino que mandó avisar a la madre de Víctor para que fuera ella quien cumpliera el deseo de su hijo. Es más, quiso también que, en el momento de entregarle la capa, la tuna de la facultad de Medicina tocara «Clavelitos», la canción preferida del muchacho... Esa tarde en Alba de Tormes, Víctor estuvo en el corazón del Papa.

En Roma estuvieron Victoria y Ernesto, los padres de la pequeña Isabel, con Juan Pablo II, ya anciano y lleno de achaques. A la niña le habían diagnosticado la rarísima y gravísima enfermedad del «síndrome de Moebius», más conocida por la enfermedad de la sonrisa. Los niños que la padecen sufren una parálisis facial que les deja el rostro inexpresivo y estático, además de tener muchas dificultades para alimentarse y para poder sonreír. Vicky Martínez ansiaba que a su pequeña la bendijera Juan Pablo II; la sola idea la consolaba. En la audiencia general del miércoles, Victoria y su marido, con la niña hecha un primor, con un gorrito rosa monísimo con lacitos y encajes, se acercaron y hablaron con el Papa.

Transcurridos unos meses y tras una serie de pruebas, análisis, consultas con eminencias médicas, se descartó el gravísimo síndrome, aunque a la pequeña le quedó una leve parálisis facial.

Juan Pablo II estaba ya en la Casa del Padre, cuando una mañana, al ir a sacar a Isabel de la cama, su madre la encontró riéndose mientras miraba la foto de la audiencia; la foto en la que el Santo Padre la besaba en la frente y que, desde aquel día, Victoria había escondido debajo de la almohada, para que el Papa cuidara de su pequeña.

Isabel es actualmente una niña feliz: estudiosa, cariñosa, muy dulce, y ha sido seleccionada para cantar en el coro de voces blancas del Conservatorio Musical de Santa Cecilia.

Raquel Rivera, prestigiosa violinista, llegó a Roma en enero de 2004 con una beca de Caja Madrid para llevar a cabo un estudio sobre el diálogo musical entre España e Italia en el siglo XX. Residía en la academia española de Bellas Artes en la colina del Gianicolo, y aprovechaba también su estancia en Italia para dar una serie de conciertos.

En aquella época le preocupaba y le angustiaba sobremanera las antiestéticas verrugas que le afeaban las manos. Se las trataban aplicando crioterapia o las destruían con electrocoagulación pero, al ser de naturaleza viral, volvían a aparecer.

Era el mes de marzo y Raquel aprovechó las vacaciones de Semana Santa para ultimar su proyecto de investigación y, como no tenía en perspectiva ningún concierto, no le importaba tener las manos con ampollas y verrugas. En cambio, le angustiaba y le quitaba el sueño el bárbaro atentado del 11-M. Residía con su hermana en Madrid, precisamente en la avenida de Atocha frente a la estación, y aunque ese día, grabado a fuego en los anales del terror, las dos se encontraban en el extranjero, Raquel no dejaba de pensar en las víctimas, en las familias, en sus vecinos de casa, hasta cuyos balcones habían volado restos de cuerpos destrozados por la explosión de las bombas.

El viernes de Dolores, la telefoneó a la academia un monseñor del Vaticano, amigo de sus padres, para proponerle que la noche del Viernes Santo llevara la cruz en la penúltima estación del vía crucis en el Coliseo. Juan Pablo II dispuso que ese año, tan marcado por la violencia de los hombres del terror, cargaran con la cruz a lo largo de las catorce estaciones jóvenes de países que habían sufrido el horror del terrorismo. Un muchacho estadounidense recordaba el 11 de Septiembre; una libanesa evocaba el conflicto interminable en Oriente Próximo; una pareja africana rememoró las bárbaras matanzas entre tutsis y hutus.

En la duodécima y la decimotercera estación, el Papa quiso que el cirineo fuera un ciudadano español y Raquel fue la elegida. Ella sería quien llevase la cruz de Cristo, la portadora del dolor inmenso de España y quien entregase el madero, símbolo de la muerte de Cristo pero también de esperanza y de amor, a un Papa que era un manojo de dolores. Ni por un instante a Raquel le preocuparon sus manos o le inquietó que en televisión se le vieran. Pensó tan sólo en las víctimas del odio y de la barbarie terrorista; en el sufrimiento de un pueblo, en su amada España.

La mañana del Viernes Santo se despertó nerviosa y emocionada. Se miró instintivamente las manos y descubrió con asombro y sorpresa que las verrugas habían desaparecido. Han transcurrido años desde entonces, y Raquel Rivera sigue dando conciertos, saboreando el éxito, triunfando con su violín. Sus manos, desde aquel Viernes Santo en Roma, están completamente curadas.

31

La muerte de Juan Pablo II

A lo largo de su pontificado Juan Pablo II siempre quiso estar cerca de todos: «de los religiosos en sus conventos, del beduino en la estepa, del enfermo en su lecho de dolor, de los oprimidos, de los humillados». Deseaba traspasar el umbral de cada casa. En una charla que tuvo con el filósofo y escritor francés André Frossard, el Papa le aseguró que «si Dios se lo permitía, iría a la mayor parte de los lugares donde le invitasen».

Su caminar por el mundo en calidad de misionero por los cinco continentes y peregrino de paz en un universo inquieto conquistó a las gentes, pero sobre todo a la juventud. Desde el primer momento hubo *feeling* entre el Papa y los jóvenes. Sintonizó con ellos hasta su muerte el 2 de abril de 2005.

Apenas un mes antes, el 13 de marzo al volver al Palacio Apostólico, tras efectuarle la traqueotomía en la policlínica Gemelli, miles de personas —sobre todo jóvenes— le aguardaban en la plaza de San Pedro. Al agravarse su estado de salud, empezaron a velarle bajo las ventanas del tercer piso, alrededor de la fuente que hay a la derecha de la plaza, cerca del mosaico de la Virgen Mater Ecclesiae. Llegaban desde todos los rincones de Roma; unos rezaban, otros cantaban, porque como les decía el Papa «cantar es rezar dos veces...».

El 25 de marzo, la noche del Viernes Santo, el Papa había seguido el tradicional vía crucis en el Coliseo. En la capilla, le vimos de espalda rezar y meditar las catorce estaciones de la Pasión de Jesús, que ese año había encomendado comentarlas al cardenal Joseph Ratzinger. Abrazado a la cruz, inmóvil, en la otra orilla del Tíber, lejos del anfiteatro romano testigo de tanta sangre cristiana, se unieron dos Gólgotas: Jerusalén y Roma... Cristo y su Vicario.

El miércoles 30 de marzo, Juan Pablo II se asomó a la ventana de la biblioteca para agradecer a los fieles congregados en la plaza sus oraciones, impartirles la bendición y sobre todo despedirse de ellos. Don Stanislaw me comentó que, a causa de la intervención quirúrgica, el Santo Padre tenía dificultades para hablar, por lo que, antes de salir al balcón, hizo una prueba de voz y pudo articular las palabras claramente, de modo que estaban convencidos de que podría dar la bendición.

Al ver la plaza abarrotada de gente que le manifestaba su cariño, le pudo la emoción, y de la garganta herida sólo salieron roncos quejidos incomprensibles. Juan Pablo II se llevó la mano a la garganta y con la otra nos bendijo.

Fue la última vez que le vimos. Estaba terriblemente demacrado; era la imagen viva del dolor. Fueron cinco minutos y cuatro segundos que nos encogieron el alma. Una hora más tarde, el portavoz Joaquín Navarro Valls nos informó que habían tenido que colocar al Papa una sonda nasogástrica para alimentarle, pero que, aunque los médicos insistían en hospitalizarlo en la policínica Gemelli, el Santo Padre no dejaría el Vaticano.

Don Stanislaw cuenta que el Papa le dijo con amargura que «sería mejor, si no puedo cumplir la misión que el Señor me ha encomendado, que me muriera». Y añadió: «Hágase Tu voluntad»; y repitió las palabras de su lema *Totus tuus*.

De hecho, al día siguiente mientras concelebraba la eucaristía con los dos secretarios, la fiebre le subió a cuarenta grados. El médico personal del Papa, el doctor Renato Buzzonetti, sabía que se trataba del inicio de una crisis que podía ser mortal ya que afectaba a «los parámetros biológicos y presentaba un cuadro clínico grave, de insuficiencia respiratoria y renal e hipertensión arterial».

Aquella misma tarde, con los ojos semicerrados y acostado en la cama, el Papa ofició la eucaristía. En el momento de la consagración, alzó levemente el brazo derecho dos veces. Sobre el pan y el vino, el cardenal Marian Jaworski le administró la extremaunción. A las 19.17 el Papa comulgó.

Al terminar la misa, se acercaron a besarle la mano las religiosas que cuidaban del apartamento, los secretarios, los enfermeros y los médicos de guardia. El último fue el doctor Buzzonetti, quien nos ha dejado su testimonio con la emoción del recuerdo y la precisión del profesional: «El viernes primero de abril, a las seis de la mañana, el Papa, consciente y sereno, concelebró misa y recitó la Hora Tercia del Oficio Divino». «Su estado clínico —escribió Renato Buzzonetti— era gravísimo. El enfermo, con enorme dificultad, susurraba algunas sílabas para unirse a las oraciones de los que le acompañaban. A las 7.30, del sábado 2 de abril, semiinconsciente, participó en la celebración de la misa. A las tres y media de esa misma tarde, con un hilo de voz y en polaco, pidió que le dejaran ir a la Casa del Padre.»

Las fuerzas comenzaron a abandonarle. Todos los que se encontraban en la habitación, con lágrimas en los ojos, entonaron el tedeum dándole gracias a Dios por el don de la persona del Santo Padre y por su gran pontificado. Los ojos de Juan Pablo II se iban apagando mientras posaba la mirada en la imagen de la Virgen de Czestochowa y en la foto de sus padres que tenía sobre la mesilla.

A las 19.00 el Papa entró en coma, y a las 21.38 del 2 de abril, víspera de la Divina Misericordia, el Santo Padre expiró.

Desde las siete y cuarto de la tarde las agencias internacionales empezaron a informar con continuos despachos y, a partir de ese momento, ríos de gente acudieron a la plaza de San Pedro para rezar el rosario y acompañar con la plegaria mariana la agonía del amado Papa.

La zona del apartamento pontificio que daba a la columnata de Bernini estaba a oscuras, sólo las ventanas del dormitorio del Sumo Pontífice dejaban ver la tenue luz de una vela. Pasadas las nueve y media se encendieron las luces y poco después, desde el atrio de la basílica, el cardenal Leonardo Sandri, que dirigía el rezo del rosario, con la voz rota por la conmoción, dio la noticia: «Nuestro amado Santo Padre, Juan Pablo II, ha vuelto a la Casa del Padre».

Como dicta el rígido protocolo vaticano, inmediatamente después del fallecimiento del Sumo Pontífice, la Guardia Suiza cerró el Portón de Bronce, la entrada oficial de la Ciudad del Vaticano.

A partir de ese momento, una multitud inmensa comenzó a invadir la plaza a la espera de que bajaran en solemne procesión el cuerpo de Juan Pablo II para depositarlo delante del Altar de la Confesión en la Basílica de San Pedro.

En los días sucesivos se formaron colas interminables para entrar en el templo. Se multiplicaron los trenes especiales y los vuelos chárter para estar unos instantes ante el cuerpo del Papa. De noche y de día, durante casi una semana, el barrio de San Pedro se transformó en una iglesia al aire libre. Decenas de voluntarios y personal de Protección Civil trabajaron infatigables en ayuda de los enfermos y minusválidos para que a nadie le faltara un vaso de agua... Se repartieron bebidas calientes; distribuyeron mantas para aliviar el frío de la noche y la humedad de la madrugada. Enfermeros de la Cruz Roja y de la Orden de Malta tuvieron que intervenir a menudo porque, al estar tantas horas de pie, sin apenas moverse, las piernas se entumecían y se sufrían calambres. A las tres de la madrugada se cerraban las puertas de la basílica y no se abrían hasta las cinco.

El Vaticano informó que más de dos millones de personas se desplazaron hasta allí a un ritmo de entre dieciocho mil y veintiún mil por hora, haciendo una cola de veinte horas de media. El último día se llegó a las veinticuatro horas de espera. Transcurridos cinco días, se anunció que se cerraba la basílica para preparar los funerales. Una inmensa muchedumbre se quedó a las puertas de la basílica, aunque no se marchó de Roma para poder asistir, el viernes 8 de abril, al solemnísimo funeral que celebró el cardenal decano del Sacro Colegio, Joseph Ratzinger.

Al evocar aquellos tristes pero inolvidables días, no puedo menos que recordar que tuve el privilegio de despedirme de Juan Pablo II en la Sala Clementina, donde instalaron la capilla ardiente. Antes de bajar el cuerpo del Santo Padre a la basílica, monseñor Stanislaw Dziwisz me dejó estar al lado de la madre Tobiana, de las religiosas polacas, del fidelísimo mayordomo, Angelo Gugel... Estaban todos ellos serenos pero con los ojos enrojecidos por las lágrimas y el cansancio. Qué pena sentí al ver al Papa, consumido por el sufrimiento físico, con el rostro demacrado y las manos de montañero terriblemente delgadas, con los dedos afilados, esqueléticos... ¡Cuánto debió de padecer! «Juan Pablo II —afirmó Benedicto XVI— vivió el sufrimiento hasta el último instante con amor y por amor.»

Me quedé de rodillas, rezando mucho tiempo. Traté de no llorar y para ello pensaba en momentos entrañables y alegres de la vida de Juan Pablo II. De repente miré el reloj. Era la hora del informativo de las dos, así que bajé al patio de San Dámaso y conecté por teléfono con la COPE. Procuré que las lágrimas no me empañaran la voz. Me costó mucho, muchísimo más que la tarde del atentado del lejano 13 de mayo de 1981. Entonces tenía la esperanza de que el Papa pudiera salvarse;

sin embargo, ahora estaba segura de que se nos había marchado para siempre.

Lo que nunca olvidaré fue cómo me despedí de él en la Sala Clementina. Recordé sus palabras recién elegido Papa: «Quiero ser el barrendero del mundo para dejar los caminos limpios para que pase el amor y la paz». Por eso al marcharme le susurré: «Santo Padre... ahora barres el Cielo».